Pietro Rabboni
Emanuele Contardi
gruppomimo!

PIZZA PASTA E AMORE

Pietro Rabboni
Emanuele Contardi
gruppomimo!

PIZZA PASTA E AMORE

La Dolce Vita auf dem Teller:
50 italienische Klassiker

riva

BENVENUTO A GRUPPOMIMO!

Viel Italien, eine Prise Kreativität, ein bisschen Show: Das ist Gruppomimo!

Gruppomimo steht für eine einfache und doch üppige, großzügige und qualitativ hochwertige Küche und für die beliebtesten Gerichte Italiens! Neapolitanische Pizzen, mit Liebe selbst zubereitet, bevor sie in unseren farbenfrohen Öfen gebacken werden, Risotto oder auch Pasta mit neuen, gewagten Geschmacksrichtungen ... Solche Rezepte haben schon die Gäste unserer Restaurants begeistert, und mit diesem Buch lassen sie sich auch zu Hause zubereiten.

Grazie a chi?

Grazie mille an zwei große Italienliebhaber, die im Februar 2021 beschlossen, sich zusammenzutun: Benoît Bossu, damals bereits Geschäftsführer eines italienischen Restaurants, und Édouard Hausseguy, Gründer von Baracuda, einer Agentur für soziale Medien. Schnell holten sie den sizilianischen Küchenchef Pietro Rabboni an Bord, der seine ganze Kreativität einbringt, um auch die anspruchsvollsten Geschmäcker zu befriedigen! Wenig später folgte Emanuele Contardi, unser Chefpizzabäcker, der nur zufrieden ist, wenn sein Teig *perfetta come in Italia* ist!

Schnellt den Gürtel weiter, Gruppomimo tischt auf!

In nur einem Jahr hat **Gruppomimo** die italienische Restaurantszene in Paris mit seiner Extra-Comfort-Food-Küche und seinem farbenfrohen Ambiente aufgerüttelt! Nach dem Erfolg unseres ersten Restaurants in Boulogne haben wir in Paris vier weitere eröffnet – im 17. und 11. Arrondissement, 2022 in Asnières-sur-Seine und Levallois –, weitere sind in Planung.

Und weil das Wichtigste für unsere *squadra* die Liebe zum Leben und das Teilen ist ... präsentieren wir heute das Beste aus unserer Küche – für zu Hause!

Con Amore,
GRUPPOMIMO

INHALT

BENVENUTO!

LET'S GET THE PARTY STARTED!

PIZZA SOCIAL CLUB!

NON SOLO PASTA!

DOLCE VITA!

BENVENUTO!

PIETRO

Liebt das Meer

NAME
Pietro Rabboni

HERKUNFT
Palermo

POSITION
Küchenchef

Pietro, erzählst du uns, wie deine Leidenschaft für das Kochen entstanden ist?

Sì! Ich koche leidenschaftlich gerne, seit ich sechs Jahre alt bin.

Es begann in Sizilien, wo sich die ganze Familie sonntags versammelte, um einen langen, schönen Tag miteinander zu verbringen. Oft schaute ich meinem Onkel und meinem Cousin zu, wie sie Leckereien aus Produkten herstellten, die direkt auf unserem Grundstück geerntet wurden oder aus kleinen Läden in der Umgebung stammten. Ich war beeindruckt von ihrem Können, aber vor allem von der Leichtigkeit, mit der sie stets alle Leute am Tisch zufriedenstellten. So wusste ich schon als kleiner Junge: »Eines Tages werde ich Koch.«

Was waren deine ersten Versuche am Herd?

Angefangen habe ich mit Keksen und Kuchen nach den Rezepten meiner Mutter. Ich war noch sehr jung, aber schon so voller Begeisterung! Meine Eltern wachten morgens auf und fanden halb verbrannte Kekse und Kuchen vor. Aber sie aßen trotzdem immer davon, um mir eine Freude zu machen. Was tut man nicht alles aus Liebe.

Du liebst die Produkte aus deiner Heimat, aber wenn du nur eines davon auswählen dürftest: Was wäre es?

Das stimmt wirklich! Ich habe vor allem eine unbändige Liebe zu Meeresfrüchten, genauer gesagt zu MEINEM Meer. Und weil ich mich ein bisschen mit Fischfang auskenne, hatte ich das Glück, immer guten, frischen Fisch zubereiten zu können. Aber unter all den Schätzen des Meeres gibt es einen, den ich ganz besonders liebe: die *gamberi rossi* (»rote Garnelen«) aus Mazzara del Vallo! Ihr süßer, zarter Geschmack, ihr glänzend weißes Fleisch ... *Meraviglioso!*

Kochen ist für dich also Familientradition, aber auch Erfolgsgeschichte – und das schon sehr früh! Erzähl uns noch ein bisschen mehr über deinen Werdegang und deine Food-Lovestory.

Nach der Schule folgte ich meiner Leidenschaft und schrieb mich am F. Cascino ein, einer Schule für Hotel- und Gaststättengewerbe.

Nach meinem Abschluss arbeitete ich fast drei Jahre lang im Restaurant meines Cousins Salvatore Dalfino, der schon in ganz Italien bekannt war. Ich begann als Tellerwäscher und war schließlich Souschef in seinem Restaurant.

Dann ging ich, immer noch mit der Familie, nach Venedig, wo wir mit einem großartigen Team ein kleines Restaurant mit 40 Plätzen und sizilianischer Küche eröffneten.

Danach erlebte ich ein weiteres unglaubliches Abenteuer auf Vulcano auf den Liparischen Inseln, wo ich den richtigen Umgang mit Meeresfrüchten lernte. Zu dieser Zeit waren mein Kollege und ich 23 Jahre alt und bereits Küchenchefs eines Restaurants für 500 Gäste, und jeden Abend durften wir neue Rezepte erfinden.

Warum bist du aus Italien nach Paris gezogen (wofür wir natürlich sehr dankbar sind)?

Es war reiner Zufall, dass ich vor mittlerweile sechs Jahren nach Paris kam. Damals wollte ich eigentlich mit Freunden nach Madrid ziehen. Nach einigen Pannen am Morgen der Abreise und einem verpassten Flug endeten wir an diesem Tag schließlich in Paris. Ohne ein Wort Französisch, ohne Unterkunft und ohne vorherige Recherchen landeten wir nach zwei Stunden am Flughafen Charles-de-Gaulle. Ich ahnte es damals nicht, aber damit begann das große Abenteuer ... Seitdem geht in den Küchen von Gruppomimo mein Kindheitstraum in Erfüllung und wird sogar jeden Tag noch ein bisschen größer!

EMANUELE

König der Pizza

NAME
Emanuele Contardi

HERKUNFT
Cava dei Tirreni, Salerno

POSITION
Chef-Pizzaiolo

Hast du auch schon als kleiner Junge davon geträumt, die Kochmütze zu tragen?

Certo! Als ich noch ganz klein war, haben mir meine Eltern eine Spielzeugküche geschenkt, mit der ich mich oft vergnügt habe. Ich habe meiner Mutter immer beim Kochen zugesehen, und sie hat mit viel Liebe gekocht. Für andere zu kochen hat immer etwas mit Teilen zu tun.

Wann wurde dein Traum wahr?

Ich habe schon immer in der Gastronomie gearbeitet, tatsächlich habe ich schon mit elf Jahren bei meinem Onkel in der Küche gestanden. Später habe ich die Hotelfachschule in Italien besucht und nebenbei an den Wochenenden gejobbt, um noch mehr zu lernen. Nach meinem Abschluss habe ich in ganz Italien gearbeitet, hauptsächlich aber in Kampanien. Danach war ich in einem 4-Sterne-Hotel in Apulien in der Patisserie beschäftigt und wurde schließlich Chef de Partie. Dort habe ich gelernt, wie man Geschmäcker und Aromen richtig kombiniert.

Aber wenn es um Pizza geht, fließt seit jeher Tomatensoße durch deine Adern?

Eigentlich habe ich eher zufällig am Ende meiner Saison in Apulien einen Pizzakurs an der Pizza Italian Academy belegt, und da hat sich alles geändert ... Dort fand ich meine Berufung und so folgten weitere Erfahrungen in Pizzerien in meiner Stadt, bevor ich schließlich meine beiden eigenen Pizzerien eröffnete! Ich nannte sie *Gli Artigiani della Pizza* (»Die Pizza-Handwerker«), hatte aber leider nicht den Erfolg, den ich mir erhofft hatte.

Was hat dich nach Paris gebracht?

2018 schlug mir der Leiter einer anderen Kochakademie, die ich in Italien besuchte, vor, nach Frankreich zu gehen.

Das war die Gelegenheit für mich. Ich wollte weitere Schulungen besuchen, um alle Geheimnisse der verschiedenen Pastatypen kennenzulernen. Heute bin ich selbst Ausbilder an der GPN-Akademie und gebe Kurse in Paris. Mit den Schulungen hatte ich das Glück, an der Eröffnung von 43 Restaurants in ganz Frankreich mitzuwirken, wodurch ich in der Szene bekannt wurde.

Das klingt nach einer beeindruckenden Erfolgsbilanz ... Na los, gib ein bisschen an!

Aha! Tatsächlich hatte ich das Glück, überall in Paris zu arbeiten und vor allem in einigen wichtigen Restaurants wie Dalmata, Ragazzi, Woodiz Pizza ...

Aber 2019 war mein historisches Jahr! Ich habe den Wettbewerb »Bester Pizzaiolo von Paris« gewonnen. Im selben Jahr habe ich auch den dritten Platz in der Kategorie »Gourmetpizza« bei einer französischen Meisterschaft belegt.

Außerdem bin ich Botschafter von Molino Denti, einem Mehlproduzenten aus der Region Parma in Italien.

Und schließlich hast du zu unserer großen Freude beschlossen, deine Koffer bei Gruppomimo abzustellen!

Jetzt habe ich das Glück, Chefpizzabäcker bei Gruppomimo zu sein, wo ich den Geist meiner Heimat in der Küche wiedergefunden habe! Gruppomimo ist für mich auch Vorbild für unternehmerischen Erfolg. Ich habe immer versucht, zielstrebig zu sein, was nicht immer leicht war. Heute bin ich sehr stolz darauf, am Aufstieg von Gruppomimo beteiligt gewesen zu sein: Wir haben es in die Top 50 der besten Restaurantketten der Welt geschafft, auf Platz 32!

LOVE & LEMONS

La marine à voile
POLPO

Die italienische Küche: amore e tradizione!

Bei Gruppomimo ist uns die Geschichte wichtig, die unsere Gerichte erzählen. Jeder Bissen soll eine Einladung zu einer Reise sein. Wir legen besonderen Wert auf die Traditionen der italienischen Küche und wählen unsere Produkte mit *amore* aus!

QUALITÀ ITALIANA

- Traditionelle mediterrane Küche
- Spezialitäten aus den verschiedenen Regionen
- Einfache Küche mit hochwertigen lokalen Produkten!

COSTO EXTRA

- Liebe, Großzügigkeit und Teilen

SPECIALITÀ

◆ PIZZA NEAPOLITANA ◆

Seit 2017 immaterielles UNESCO-Welterbe

◆ TOMATEN ◆

Viele regionale Sorten sind durch das Label IGP *(Indication Géographique Protégée)* geschützt.

◆ MOZZARELLA ◆

Das Geheimnis seiner Zubereitung ist durch das Label STG *(Spécialité Traditionnelle Garantie)* geschützt.

I NOSTRI PRODOTTI

Drei gute Gründe für frische und saisonale Produkte:

1. **Sie sind gesund und stecken voller Vitamine.**
2. **Sie überzeugen mit echtem Geschmack.**
3. **Sie kosten nicht die Welt.**

Everyday I'm Truffling!

Slice slice baby

Say cheese

UN PO' DI CREATIVITÀ!

In der italienischen Küche können wir im Sommer unsere Kreativität unter Beweis stellen, weil viele Spitzenprodukte frisch angeboten werden. Aber es gibt keinen Grund, im Winter auf eine gute Pizza zu verzichten, denn auch zu dieser Zeit ist die Gemüsevielfalt groß.

◆ UNA PIZZA D'INVERNO? ◆

Wähle deine Soße …

- Hochwertige Tomatensoße in italienischer Feinkostqualität
- Frisches Basilikumpesto
- Sizilianische Pistaziencreme
- Gute Crème fraîche aus deiner Region!

… und deinen Belag!

- Kürbis: Pizza mit Butternutkürbis und Ricotta ... ein perfektes Duo!
- Stärkehaltige Lebensmittel: Probier mal Raclette-Kartoffeln. Umwerfend!
- Wurstwaren: italienisch oder aus deiner Region, ganz nach Geschmack.
- Guter Käse: Lass deiner Kreativität freien Lauf, du kannst nichts falsch machen!

from Italia with love...

Burrata lovers

farina e lievito*

Findest du die vielen Typenbezeichnungen auf den Mehlpaketen verwirrend? Dabei muss man weder Mathematikerin noch Bäcker sein, um die Mehl- und Hefetypen zu unterscheiden. Hier lüften wir das Geheimnis.

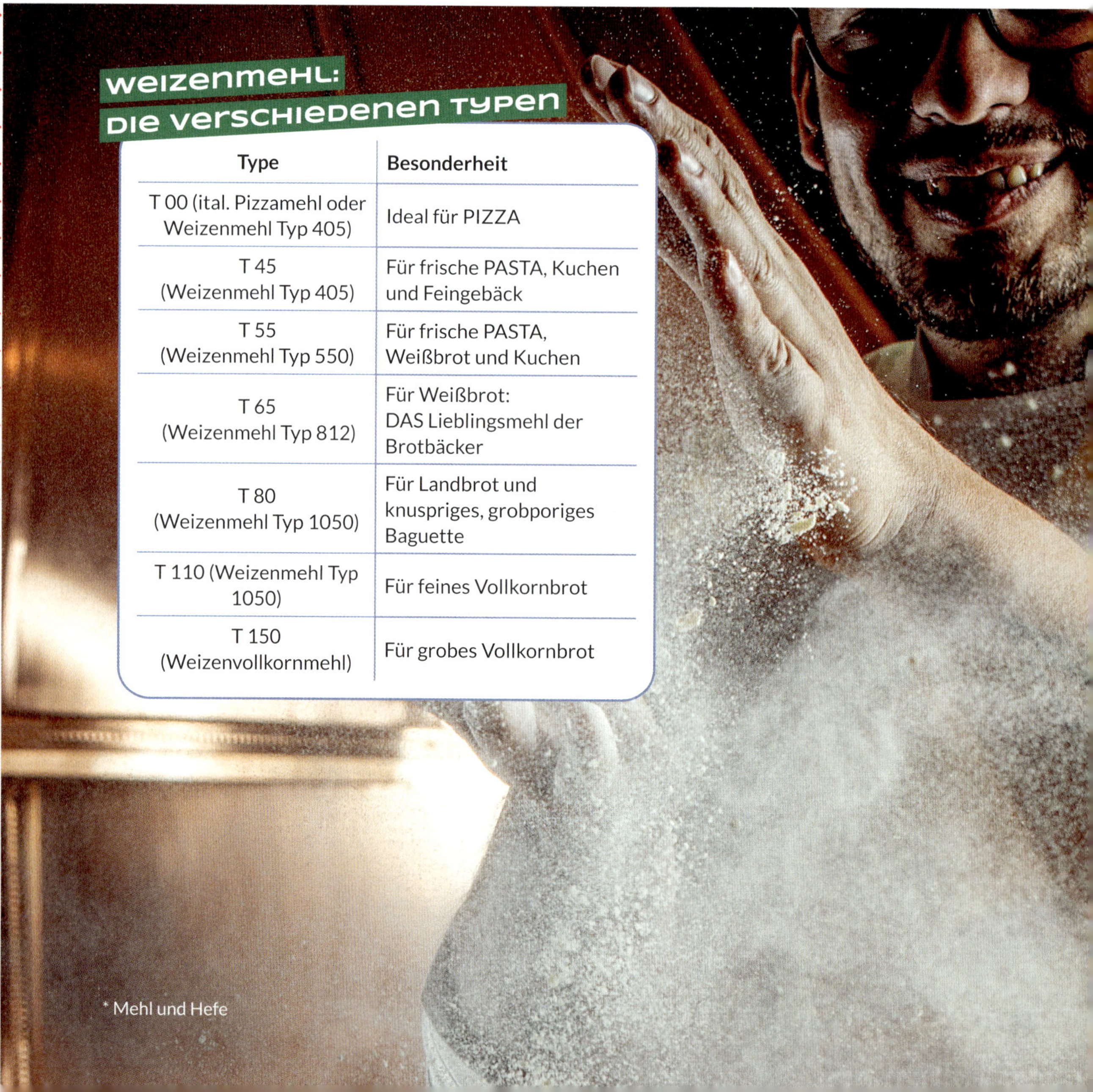

Weizenmehl: Die verschiedenen Typen

Type	Besonderheit
T 00 (ital. Pizzamehl oder Weizenmehl Typ 405)	Ideal für PIZZA
T 45 (Weizenmehl Typ 405)	Für frische PASTA, Kuchen und Feingebäck
T 55 (Weizenmehl Typ 550)	Für frische PASTA, Weißbrot und Kuchen
T 65 (Weizenmehl Typ 812)	Für Weißbrot: DAS Lieblingsmehl der Brotbäcker
T 80 (Weizenmehl Typ 1050)	Für Landbrot und knuspriges, grobporiges Baguette
T 110 (Weizenmehl Typ 1050)	Für feines Vollkornbrot
T 150 (Weizenvollkornmehl)	Für grobes Vollkornbrot

* Mehl und Hefe

BACKHEFE IN VIELEN FORMEN

Frische Hefe: für den Pizzaiolo ein Muss!

Form: weich-bröselige Blöcke von 42 g

Menge: zwischen 2 g und 20 g auf 500 g Mehl, je nach Gehzeit

Tipp: Hefe gut zerbröseln und 10–15 Minuten in lauwarmem Wasser oder Milch auflösen, dann unter das Mehl rühren.

Aufbewahrung: im Kühlschrank bei 4 °C. Innerhalb von 10 Tagen verbrauchen.

Vorteil: macht Pizzateig schön saftig und luftig.

Trockenhefe: die Praktische

Form: Tüten mit 7–8 g

Menge: zwischen 7 und 10 g auf 500 g Mehl

Aufbewahrung: bei Zimmertemperatur ca. 1 Jahr haltbar

Verschiedene Typen:

Aktive Trockenhefe

Tipp: Körnchen 10 Minuten in lauwarmem Wasser oder Milch quellen lassen, dann in den Teig einarbeiten

Instant-Trockenhefe

Tipp: benötigte Menge mit dem Mehl mischen

Vorteil: lässt den Teig schneller aufgehen

Flüssighefe: für Profis

Form: Döschen oder Beutel mit 38 ml, dickflüssige Konsistenz

Aufbewahrung: bei 4 °C im Kühlschrank aufbewahren und innerhalb von 4–6 Monaten verbrauchen

Zusammensetzung und Verwendung: wird im Bäckereihandwerk eingesetzt. Eine Mischung aus Weizenmehl und Wasser, die spontan Säure bildet und aufgeht

Vorteil: ideal für die lange Teigführung

Wichtig: Dosierung von Produkt zu Produkt verschieden. Vorwiegend für professionelle Bäckerinnen und erfahrene Hobbybäcker geeignet.

UNBEDINGT LESEN!

Frische Backhefe oder »frische Bierhefe« eignet sich **am besten für den Pizzateig.** Damit dein Teig gut reift, solltest du ihn vor der Verwendung ruhen lassen: entweder bei über 20 °C oder im Kühlschrank zwischen 24 und 72 Stunden.

In den Rezepten in diesem Buch werden nur sehr geringe Mengen Frischhefe verwendet, weil wir eine **längere Teigführung** bevorzugen. Das ist das Geheimnis des fluffigen Pizzateigs … Wenn die Zeit knapp ist und du die Teigruhe verkürzen willst, musst du die Hefemenge erhöhen.

Zwei Mehlsorten solltest du immer im Vorrat haben: Weizenmehl Type 00 für *pizze* und Type 45 oder 55 für *pasta!*

In unseren Rezepten findest du neben den Mehltypen die Angabe **»W 280/330«**. Das ist die **Backstärke**, die beschreibt, wie viel Wasser das Mehl aufnehmen kann. Aber keine Sorge, wenn du beim Einkaufen deine Brille vergessen hast, wird dir der Teig trotzdem gelingen!

Tomaten
Burrata
Zitrone
Pistaziencreme

Parmesan
Roher Schinken
Kaffee
Olivenöl
Basilikum
Schwarze Trüffel

LET'S GET THE PARTY STARTED!

OKTOPUSSALAT
mit Kartoffeln

FÜR 4-6 PERSONEN | **VORBEREITUNG:** 15 MIN. | **GARZEIT:** 15-20 MIN.

Zutaten:

1 kg kleine Kartoffeln (Drillinge)

1 Schuss Olivenöl

einige Blätter Petersilie

1 EL Zitronensaft

500 g vorgekochte Oktopusarme

Salz und Pfeffer

TIPP

Rohe Oktopusarme müssen vor der Zubereitung dieses Salats 20 Minuten in Wasser vorgekocht werden.

1. Die ganzen Kartoffeln in einem Topf mit kochendem Wasser 10 Minuten garen.
2. Olivenöl, Petersilie, Zitronensaft, Salz und Pfeffer in einer Schüssel verrühren.
3. Die Oktopusarme säubern und in dieser Marinade wälzen.
4. Eine Pfanne auf hoher Stufe erhitzen und die Tentakel darin auf jeder Seite 1 Minute braten. Aus der Pfanne nehmen. Die restliche Marinade in der Pfanne lassen.
5. Die Kartoffeln abgießen und in der Pfanne mit der restlichen Marinade anbraten, bis sie knusprig werden.
6. Die Oktopusarme in Stücke schneiden und mit den Kartoffeln mischen. Alternativ die Kartoffeln grob mit eine Gabel zerdrücken und die Tintenfischarme darauf anrichten.

PEPERONATA

FÜR 4-6 PERSONEN | **VORBEREITUNG**: 15 MIN. | **GARZEIT:** 40-50 MIN. |
RUHEZEIT: 2-3 STD.

Zutaten:

1 grüne Paprika
1 rote Paprika
1 gelbe Paprika
300 g weiße Zwiebeln
125 g rote und gelbe Kirschtomaten
125 g Olivenöl
Salz und Pfeffer

Für die süß-saure Soße:

500 g Zucker
125 g Wasser
375 g Apfelessig

1. Für die süß-saure Soße Zucker und Wasser in einem Topf auf mittlerer Stufe erhitzen. Wenn die Mischung anfängt, braun zu werden, den Essig zugießen. Die Mischung unter ständigem Rühren zum Kochen bringen, dann zur Seite stellen.
2. Paprika und geschälte Zwiebeln in Streifen schneiden und die Kirschtomaten halbieren.
3. Die Zwiebeln in einer Pfanne mit dem Olivenöl anbraten, dann Paprika und Tomaten dazugeben. Bei schwacher Hitze 30–40 Minuten garen. Abschmecken.
4. Das Gemüse in einen tiefen Teller füllen und mit der Soße übergießen. 2–3 Stunden durchziehen lassen. Kalt servieren.

CAPONATA

FÜR 4-6 PERSONEN | VORBEREITUNG: 25 MIN. | GARZEIT: 25 MIN.

Zutaten:

4 große Auberginen

Sonnenblumenöl zum Frittieren

4 schöne Karotten

1 Stange sizilianischer (dünner) Sellerie

3 weiße Zwiebeln

50 g entkernte Taggiasca-Oliven

25 g Kapern

2 Schuss Olivenöl

250 g Tomatenmark

Salz und Pfeffer

Für die süß-saure Soße:

250 g Zucker

65 g Wasser

190 g Apfelessig

TIPP

Wenn du die Caponata besonders liebevoll anrichten möchtest, kannst du die Servierplatte mit Sellerieblättern oder Zitronenscheiben auslegen, bevor du das Gemüse darauf gibst.

1. Für die süß-saure Soße Zucker und Wasser in einem Topf auf mittlerer Stufe erhitzen. Wenn die Mischung anfängt, braun zu werden, den Essig zugießen. Die Mischung unter ständigem Rühren zum Kochen bringen, dann zur Seite stellen.
2. Die Auberginen in große Würfel schneiden und 3–4 Minuten in Sonnenblumenöl anbraten. Auf Küchenpapier abtropfen lassen.
3. Karotten und Sellerie in Stifte schneiden, die Zwiebeln in Würfel schneiden. Oliven und Kapern hacken.
4. Das Olivenöl in einem großen Topf auf hoher Stufe erhitzen. Karotten, Zwiebeln und Sellerie darin anbraten. Wenn der Topf zu »singen« beginnt, das Gemüse mit Wasser bedecken.
5. Aufkochen, dann Oliven und Kapern dazugeben.
6. Das Gemüse wieder mit Wasser bedecken. Zum Kochen bringen, dann das Tomatenmark einrühren.
7. Erneut zum Kochen bringen, dann die süß-saure Soße hinzugeben.
8. Noch einmal aufkochen, dann vom Herd nehmen. Abkühlen lassen. Die Soße mit den Auberginen mischen. Abschmecken.

COPPITELLO
mit frittiertem Fisch

FÜR 4-6 PERSONEN | VORBEREITUNG: 20 MIN. | **GARZEIT:** 10 MIN.

Zutaten:

400 g Tintenfisch in Ringen

400 g Stinte

400 g Wolfsbarschfilet, mit Haut in mundgerechte Würfel geschnitten

Hartweizengrieß zum Panieren

3 Zitronen

Sonnenblumenöl zum Frittieren

Fleur de Sel

Für die Mayonnaise:

2 Eigelb

1 TL Senf

Saft von 1 Zitrone

1 TL weißer Essig

250 g Sonnenblumenöl

Salz und Pfeffer

1. Für die Mayonnaise Eigelb, Senf, Zitronensaft, Essig, Salz und Pfeffer verrühren. Das Öl langsam in dünnem Strahl unter ständigem Rühren zugießen.
2. Das Öl in einem Topf oder einer Fritteuse auf 180 °C (nicht höher) erhitzen.
3. Tintenfischringe, Stinte und Wolfsbarschwürfel im Grieß wälzen, überschüssigen Grieß abklopfen.
4. Tintenfischringe, Stinte und Wolfsbarschwürfel im heißen Öl frittieren, dann herausnehmen und auf Küchenpapier abtropfen lassen.
5. Mit Fleur de Sel bestreuen und mit Zitronenspalten und Mayonnaise servieren.

TIPPS

Wer kein Thermometer hat, um die Temperatur des Öls zu prüfen, streut ein wenig Grieß hinein. Wenn er aufsteigt und Blasen wirft, hat das Öl die richtige Temperatur. Damit der Fisch knusprig wird, mehrere kleine Portionen frittieren und darauf achten, dass die Öltemperatur möglichst konstant bleibt.

CARPACCIO aus Rindfleisch

FÜR 4 PERSONEN | VORBEREITUNG: 10 MIN.

Zutaten:

720 g Rindercarpaccio (vom Metzger hauchdünn schneiden lassen)

200 g Rucola

100 g rote Kirschtomaten

100 g gelbe Kirschtomaten

Saft von 1 Zitrone + mehr für das Fleisch

2 Schuss Olivenöl

Fleur de Sel

Salz und Pfeffer

1. Rucola, halbierte Tomaten, Zitronensaft, 1 Schuss Olivenöl, Salz und Pfeffer in eine Schüssel geben und vermengen.
2. Die Carpaccio-Scheiben auf einen flachen Teller legen und den marinierten Salat in die Mitte geben.
3. Das Fleisch mit Olivenöl und Zitronensaft beträufeln und mit etwas Fleur de Sel und Pfeffer bestreuen. Sofort servieren.

ARTISCHOCKEN
nach Art des Hauses

FÜR 4-6 PERSONEN | **VORBEREITUNG:** 20 MIN. | **GARZEIT:** 25 MIN. | **RUHEZEIT:** 20 MIN.

Zutaten:

20 frische junge Artischocken
4 Zitronen
50 g Mehl
250 g Olivenöl
80 ml Wasser
1 Bund Petersilie
50 g Anchovis
4 Knoblauchzehen
150 g geriebener Pecorino (nach Belieben)
Salz und Pfeffer

TIPP

Um zu prüfen, ob die Artischocken gar sind, an einem der äußeren Blättchen zupfen. Wenn es sich leicht löst, sind sie fertig.

1. Wasser in einem großen Topf zum Kochen bringen. Die halbierten Zitronen und das Mehl einrühren.
2. Die Artischocken zugeben und 20 Minuten garen.
3. Die Artischocken abgießen, der Länge nach halbieren und die Fasern aus der Mitte entfernen. Auf eine Platte legen.
4. Für die Marinade Olivenöl, Wasser, gehackte Petersilie, Anchovis, Knoblauch, Salz und Pfeffer in einem Topf verrühren. Zum Kochen bringen, dann vom Herd nehmen und über die Artischocken gießen.
5. 20 Minuten durchziehen lassen. Nach Belieben mit etwas Pecorino bestreuen und servieren.

KARTOFFELN mit Guanciale

FÜR 4-6 PERSONEN | VORBEREITUNG: 10 MIN. | **GARZEIT:** 25 MIN.

Zutaten:

1 kg Kartoffeln (Drillinge)

1 Schuss Sonnenblumenöl

300 g Guanciale (in italienischen Lebensmittelgeschäften, ersatzweise geräucherter Bauchspeck)

TIPP

Wer mag, kann die Kartoffeln mit etwas Thymian würzen.

1. Die Kartoffeln in kochendem Wasser 10 Minuten garen.
2. Die Kartoffeln halbieren und in einer Pfanne mit Öl hellbraun braten.
3. Den Guanciale in Streifen schneiden und in einer Pfanne goldbraun braten. Aus der Pfanne nehmen und auf Küchenpapier abtropfen lassen, dabei das Fett in der Pfanne lassen.
4. Die vorgegarten Kartoffeln in das Speckfett in der Pfanne geben und goldbraun braten.
5. Alles in eine Schüssel füllen und servieren.

PANIERTE AUBERGINEN

FÜR 4-6 PERSONEN | **VORBEREITUNG:** 15 MIN. | **GARZEIT:** 5 MIN.

Zutaten:

4 große Auberginen
Sonnenblumenöl
3 Eier
350 g Semmelbrösel
50 g geriebener Parmesan
50 g geriebener Pecorino

KLEINER TRICK:

Paniermehl kann man fertig kaufen. Nachhaltiger ist es jedoch, es selbst herzustellen, indem man einfach hart gewordenes Brot reibt.

1. Die Auberginen in 1–2 cm dicke halbe Scheiben schneiden. Das Öl in einem Topf erhitzen.
2. Die Eier in einer Schüssel verquirlen. Semmelbrösel und beide Käsesorten in einer anderen Schüssel mischen.
3. Die Auberginen in die Eier tauchen, dann in der Käse-Semmelbrösel-Mischung wälzen.
4. 4–5 Minuten im heißen Öl frittieren, dann auf Küchenpapier abtropfen lassen. Heiß servieren!

gruppomimo

MARINIERTE MAKRELEN

FÜR 4 PERSONEN | **VORBEREITUNG:** 5 MIN. | **GARZEIT:** 1 MIN.

Zutaten:

8 Makrelenfilets

100 g Olivenöl

50 ml Wasser

Saft von 1 Zitrone

einige Petersilienblätter (nach Belieben)

Salz und Pfeffer

1. Etwas Öl in einer kleinen Pfanne erhitzen. Die Makrelenfilets 1 Minute auf der Fleischseite (nicht auf der Hautseite) braten.
2. Für die Marinade die restlichen Zutaten – außer der Petersilie – mit einem Schneebesen verrühren.
3. Die Marinade über die gebratenen Makrelen gießen und nach Belieben mit gehackter Petersilie bestreuen.

TIPP

Die Makrelen können heiß oder kalt serviert werden. Dieses Gericht lässt sich gut vorbereiten.

ZWEIERLEI MUSCHELN
aus der Pfanne

FÜR 6 PERSONEN | **VORBEREITUNG:** 10 MIN. | **GARZEIT:** 10 MIN.

Zutaten:

3 kg Venusmuscheln
3 kg Miesmuscheln
3 Zitronen
1 Bund Petersilie
2 Knoblauchzehen
Pfeffer

1. Venusmuscheln und Miesmuscheln in reichlich Wasser abspülen. Abtropfen lassen.
2. Alle Zutaten (Muscheln, Zitronenstücke, Petersilie, Knoblauchzehen und Pfeffer) in einen Topf geben und auf hoher Stufe erhitzen.
3. Den Topfdeckel in ein sauberes Geschirrtuch hüllen, dann auf den Topf legen, um diesen gut zu verschließen. Die Muscheln 10 Minuten kochen.
4. Die Muscheln in eine Pfanne geben und bei starker Hitze unter ständigem Rühren kurz braten.
5. Das Gericht ist fertig, sobald alle Muscheln geöffnet sind!

PIZZA SOCIAL CLUB!

Dieses Rezept ergibt 5 Teigkugeln. Wenn du nur eine Pizza backst, kannst du die restlichen Böden nach dem Vorbacken mit oder ohne Soße und Belag einfrieren.

PIZZATEIG

klassisch

FÜR 5 KUGELN | VORBEREITUNG: 25 MIN. | RUHEZEIT: 5 STD. + 1 NACHT | BACKZEIT: 15-20 MIN.

Zutaten:

1kg Mehl Type 00 (W 280/330)

600g kaltes Wasser

1g frische Backhefe

25g Salz

1 Schuss Olivenöl

Belag nach Wahl

ZUBEREITUNG MIT DEM RÜHRGERÄT

1. Alle Zutaten außer Salz und Öl in die Schüssel geben und mit dem Knethaken verrühren, bis ein glatter Teig entsteht (ca. 10 Minuten auf höchster Stufe).
2. Das Salz hinzufügen und den Teig auf höchster Stufe weiter 3–5 Minuten kneten, bis er schön glatt ist (er darf sich aber nicht erwärmen). Wenn du ein Küchenthermometer hast, achte darauf, dass die Temperatur nicht über 24 °C steigt.
3. Aus dem Teig 300g schwere Kugeln formen, auf ein geöltes Backblech legen und mit einem feuchten Geschirrtuch abdecken. Mindestens 5 Stunden bei Zimmertemperatur ruhen lassen, dann über Nacht (weiterhin abgedeckt) an einen kühlen Platz stellen.

ZUBEREITUNG MIT DER HAND

SCHRITT 1

Das Mehl in eine Schüssel oder auf die Arbeitsfläche geben und eine Vertiefung in die Mitte drücken.

SCHRITT 2

Die zerbröselte Hefe in die Mitte geben, dann das Wasser darübergießen.

SCHRITT 3

Vorsichtig mischen, dabei immer wieder mit den Fingerspitzen Mehl in das Wasser schieben.

SCHRITT 4

Alles mit den Händen zu einem glatten Teig verkneten (ca. 10–15 Minuten). Die Schüssel dicht mit Frischhaltefolie abdecken. Der Teig soll nicht mit der Raumluft in Berührung kommen. 10 Minuten ruhen lassen.

SCHRITT 5

Das Salz zugeben. Den Teig mit Mehl bestreuen und nochmals 5 Minuten kneten. Aus dem Teig 300 g schwere Kugeln formen. In Frischhaltefolie wickeln oder mit einem feuchten Geschirrtuch abdecken. 4 Stunden bei Zimmertemperatur ruhen lassen, dann – weiterhin gut abgedeckt – über Nacht kühl stellen.

DEN TEIG FORMEN UND BACKEN

1. Den Backofen auf höchster Stufe vorheizen. Die Teigkugeln zu Böden formen – mit einem Rollholz oder, wie geübte Pizzaiolos, mit den Händen.
2. Jeden Teigboden auf ein eingeöltes Backblech legen.
3. Nach Belieben belegen und 15–20 Minuten backen. Dabei gut beobachten, weil jeder Ofen etwas anders heizt. Die Pizza herausnehmen, wenn sie schön goldbraun ist.

PIZZATEIG
aus der Küchenmaschine

**FÜR 6 KUGELN | VORBEREITUNG: 25 MIN. |
RUHEZEIT: 5 STD. 45 + 1 NACHT | BACKZEIT: 15-20 MIN.**

Zutaten:

900 g Mehl Type 00 (W 280/330)
100 g Vollkornmehl
750 g kaltes Wasser
3 g frische Backhefe
25 g Salz
1 Schuss Olivenöl
Belag nach Wahl

1. Beide Mehle und das Wasser in der Küchenmaschine auf höchster Stufe 5 Minuten verrühren.
2. Mit Frischhaltefolie abdecken und 45 Minuten an einen kühlen Platz stellen.
3. Die Hefe zugeben und den Teig nochmals 5 Minuten kneten. Dabei darf er sich nicht über 18 °C erwärmen.
4. Bei dieser Temperatur das Salz zugeben. Dann den Teig weiter kneten, bis die Temperatur 20 °C erreicht hat.
5. 300 g schwere Kugeln formen, mit Frischhaltefolie oder einem feuchten Geschirrtuch abdecken und bei Zimmertemperatur ca. 5 Stunden ruhen lassen, bis sich ihr Volumen verdoppelt hat. Mindestens weitere 6 Stunden (besser über Nacht) bei Zimmertemperatur ruhen lassen.
6. Den Backofen auf höchster Stufe vorheizen. Die Teigkugeln mit der Hand zu flachen Pizzaböden formen, dabei einen mindestens 2 cm breiten, etwas dickeren Rand stehen lassen. Auf eingeölte Backbleche legen. Die Pizzen belegen, dabei die Ränder frei lassen, damit sie eine schöne Kruste bekommen. Backen, bis sie goldbraun sind.

SCROCCHIARELLA

FÜR 1 SCROCCHIARELLA | VORBEREITUNG: 35 MIN. |
RUHEZEIT: 5 STD. + 1 NACHT | BACKZEIT: 25 MIN.

Zutaten:

1 kg Mehl Type 00 (W 250/280)

550 g kaltes Wasser

2 g frische Backhefe

25 g Salz

Olivenöl

Belag nach Wahl

TIPP VON EMANUELE

Die Teigplatten lassen sich voneinander lösen, wenn sich zwischen ihnen ausreichend Öl befindet.

1. Alle Zutaten außer Salz und Öl mit dem Knethaken der Küchenmaschine bei mittlerer Geschwindigkeit vermischen.
2. Das Salz zugeben und weitere 5 Minuten auf mittlerer Stufe kneten.
3. Zwei Kugeln à 800 g formen. In Frischhaltefolie wickeln oder mit einem feuchten Geschirrtuch abdecken. Mindestens 10 Stunden im Kühlschrank ruhen lassen.
4. Den Teig aus dem Kühlschrank nehmen und auf Zimmertemperatur kommen lassen. Den Backofen auf höchster Stufe vorheizen. Ein Backblech einfetten.
5. Die beiden Teigportionen 2 mm dünn ausrollen. Die erste Teigplatte auf das Blech legen, großzügig mit Öl beträufeln und die zweite Teigplatte darauf legen. Nochmals mit Öl beträufeln.
6. 20 Minuten backen oder bis der Teig goldbraun und knusprig ist.
7. Aus dem Ofen nehmen und 5 Minuten abkühlen lassen. Die Teigplatten voneinander lösen. Die untere Teigplatte nach Belieben belegen, dann den Belag mit der zweiten Teigplatte abdecken. Bei 200 °C weitere 5–6 Minuten backen.

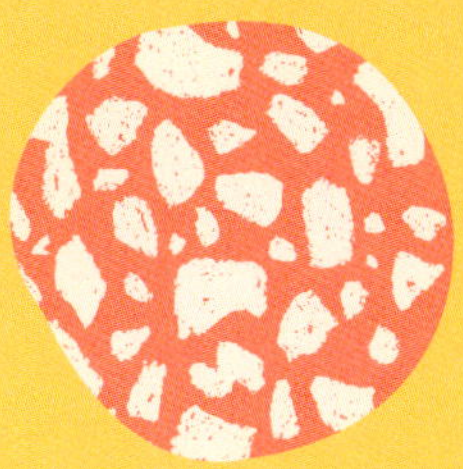

FRITTIERTE PIZZA
Montanara

FÜR 5 PIZZAS | VORBEREITUNG: 30 MIN. | RUHEZEIT: 5 STD. + 1 NACHT | GARZEIT: 50 MIN.

Zutaten:
1kg Mehl Type 00 (W 280/330)
600 g kaltes Wasser
1g frische Backhefe
25 g Salz
Sonnenblumenöl zum Frittieren
Belag:
Tomatensoße
Mozzarella
Basilikum

1. Alle Zutaten außer Salz und Öl mit dem Knethaken der Küchenmaschine etwa 10 Minuten bei höchster Geschwindigkeit zu einem glatten Teig verarbeiten.
2. Das Mehl zugeben und auf höchster Stufe weitere 3–5 Minuten kneten. Dabei darf sich der Teig nicht erwärmen. Auf einem Küchenthermometer darf die Temperatur nicht über 24 °C steigen.
3. Aus dem Teig 300 g schwere Kugeln formen, abdecken und bei Zimmertemperatur 5 Stunden ruhen lassen, dann – weiterhin abgedeckt – über Nacht im Kühlschrank ruhen lassen.
4. Aus den Kugeln mit der Hand oder einem Rollholz Pizzaböden von 29 cm Durchmesser formen.
5. Das Sonnenblumenöl auf 200 °C erhitzen und den ersten Teigboden hineinlegen. Etwa 10 Minuten frittieren, bis beide Seiten goldbraun sind.
6. Abtropfen lassen, dann mit Tomatensoße, gewürfeltem Mozzarella und Basilikum belegen. Die restlichen Teigkugeln ebenso verarbeiten.

FRITTIERTE CALZONE

FÜR 5 CALZONI | VORBEREITUNG: 30 MIN. | RUHEZEIT: 5 STD. + 1 NACHT | GARZEIT: 25 MIN.

Zutaten:

1kg Mehl Type 00 (W 280/330)
600g kaltes Wasser
1g frische Backhefe
25g Salz
Sonnenblumenöl zum Frittieren

Füllung:
Tomatensoße
gekochter Schinken
Mozzarella

1. Alle Zutaten außer Salz und Öl mit dem Knethaken der Küchenmaschine etwa 10 Minuten bei höchster Geschwindigkeit zu einem glatten Teig verarbeiten.
2. Das Mehl zugeben und auf höchster Stufe weitere 3–5 Minuten kneten. Dabei darf sich der Teig nicht erwärmen. Auf einem Küchenthermometer darf die Temperatur nicht über 24 °C steigen.
3. Aus dem Teig 300 g schwere Kugeln formen, abdecken und bei Zimmertemperatur 5 Stunden ruhen lassen, dann – weiterhin abgedeckt – über Nacht im Kühlschrank ruhen lassen.
4. Aus den Kugeln mit der Hand oder einem Rollholz Teigkreise von 29 cm Durchmesser formen. Sie sollen keinen dickeren Rand haben.
5. In die Mitte jedes Teigkreises Soße, Kochschinken und Mozzarella geben.
6. Die Teigkreise zu Halbmonden zusammenklappen und die Ränder fest zusammendrücken.
7. Das Sonnenblumenöl auf 200 °C erhitzen und die erste Calzone hineinlegen. Von jeder Seite 3–5 Minuten goldbraun frittieren.
8. Herausnehmen und auf Küchenpapier abtropfen lassen. Die anderen Calzoni ebenso frittieren.

FOCACCIA BARESE

FÜR 1 FOCACCIA | VORBEREITUNG: 40 MIN. | RUHEZEIT: 17 STD. + 1 NACHT | BACKZEIT: 20-30 MIN.

Zutaten:

Für den Biga (Vorteig):

500 g Mehl Type 00 (W 280/330)

250 g Wasser

4 g frische Backhefe

Für den Teig:

1,5 kg Manitoba-Mehl (kleberstarkes Weizenmehl)

1,1 kg kaltes Wasser

1 g frische Backhefe

50 g Salz

2 Schuss Olivenöl

Belag nach Wahl

TIPP

Wenn du die Ruhezeit des Teigs verkürzt, wird er beim Backen weniger dick und fluffig und du erhältst eine knusprigere traditionelle Focaccia.

ZUBEREITUNG DES BIGA

1. Alle Zutaten für den Biga mit der Küchenmaschine oder von Hand mischen. Nicht zu lange bearbeiten, er soll noch krümelig sein.
2. Mit Frischhaltefolie abdecken, aber einige Löcher in die Folie stechen, damit der Teig atmen kann. 10 Stunden bei Zimmertemperatur ruhen lassen.

ZUBEREITUNG DES TEIGS IN DER KÜCHENMASCHINE

3. Manitoba-Mehl, Wasser und Hefe 10 Minuten mit der Küchenmaschine auf höchster Stufe verkneten.
4. Den Biga zugeben und weitere 3 Minuten kneten, dann das Salz zugeben und den Teig nochmals 10 Minuten bei mittlerer Geschwindigkeit kneten.
5. Den Teig zu einer großen Kugel formen, in Frischhaltefolie wickeln oder mit einem feuchten Geschirrtuch abdecken. Mindestens 6 Stunden bei Zimmertemperatur ruhen lassen, danach über Nacht in den Kühlschrank legen.

ZUBEREITUNG DES TEIGS VON HAND

6. Manitoba-Mehl, Wasser und Hefe 15 Minuten von Hand verkneten, dann abdecken und 10 Minuten ruhen lassen.
7. Biga und Salz zufügen und den Teig weitere 10 Minuten kneten, bis er sehr glatt ist. Falls er zu klebrig ist, nochmals 10 Minuten ruhen lassen und erneut kneten (dieser Schritt kann dreimal wiederholt werden).
8. Den Teig zu einer großen Kugel formen, in Frischhaltefolie wickeln oder mit einem feuchten Geschirrtuch abdecken. Mindestens 6 Stunden bei Zimmertemperatur ruhen lassen, danach über Nacht in den Kühlschrank legen.

DIE FOCACCIA BACKEN

9. Ein Backblech mit Öl einpinseln. Den Teig bis fast auf die Größe des Backblechs ausrollen. Er muss recht dick sein.

10. Den Teig auf das Backblech legen und mit dem Finger Löcher in die Oberfläche drücken. Mit Frischhaltefolie abdecken und 1 Stunde bei Zimmertemperatur ruhen lassen.

11. Den Backofen auf 230 °C vorheizen. Wer möchte, kann in die Löcher Kirschtomaten oder grüne Oliven (oder andere Zutaten nach eigenem Geschmack) legen oder grobes Salz hineinstreuen. Den Teig mit Olivenöl beträufeln, damit er schön bräunt. Focaccia 20–30 Minuten backen. Die Backzeit überprüfen, indem man die Focaccia anhebt, um zu sehen, ob die Unterseite leicht gebräunt ist.

MARGHERITA
klassisch

FÜR 1 PIZZA | **VORBEREITUNG:** 30 MIN. | **RUHEZEIT:** 5 STD. + 1 NACHT | **BACKZEIT:** 15 MIN.

Zutaten:

1 Kugel klassischer Pizzateig (siehe Seite 50)

3 Tomaten (vorzugsweise eine alte Sorte)

7 Blätter Basilikum

100 g Mozzarella Fior di Latte

1 Schuss Olivenöl

1. Den Teig zubereiten, wie auf Seite 50 beschrieben.
2. Die Tomaten in Scheiben schneiden. Den Backofen auf höchster Stufe vorheizen.
3. Den Teig zu einem Kreis von 30 cm ausrollen und auf ein eingeöltes Backblech legen.
4. Die Tomaten gleichmäßig auf dem Teig verteilen. Mit Basilikum und geriebenem Mozzarella bestreuen. Mit Olivenöl beträufeln.
5. Etwa 15 Minuten backen, bis die Pizza goldbraun ist.

MIMO
MIMO
MIMO
OMIMO

COSACCA

FÜR 1 PIZZA | **VORBEREITUNG:** 30 MIN. | **RUHEZEIT:** 5 STD. + 1 NACHT | **BACKZEIT:** 15 MIN.

Zutaten:

1 Kugel klassischer Pizzateig (siehe Seite 50)

60 g Tomatensoße

1 Schuss Olivenöl

50 g Pecorino

6 Basilikumblätter

SCHON GEWUSST?

Dies ist eine der ältesten Pizzen! Früher galt sie als »Arme-Leute-Pizza«, weil sie mit selbst gemachter Tomatensoße und billigem Bauernkäse belegt wurde.

1. Den Teig zubereiten, wie auf Seite 50 beschrieben.
2. Den Backofen auf höchster Stufe vorheizen. Den Teig zu einem Kreis von 30 cm Durchmesser ausrollen und auf ein eingeöltes Backblech legen.
3. Mit einer dicken Schicht Tomatensoße bestreichen und mit Olivenöl beträufeln.
4. 15 Minuten backen, bis die Pizza gerade goldbraun ist.
5. Aus dem Ofen nehmen, großzügig mit geriebenem Pecorino und etwas Basilikum bestreuen.

DIE GRÜNE

FÜR 1 PIZZA | VORBEREITUNG: 40 MIN. | RUHEZEIT: 5 STD. + 1 NACHT | BACKZEIT: 25 MIN.

Zutaten:

1 Kugel klassischer Pizzateig (siehe Seite 50)

3 Zucchini

½ Zwiebel

1 Schuss Olivenöl

500 g flüssige Sahne

50 g Butter

100 g Pancetta

120 g Mozzarella Fior di Latte

60 g Parmesan

einige Basilikumblätter

1. Den Teig zubereiten, wie auf Seite 50 beschrieben.
2. Den Belag vorbereiten. Die Zucchini in kleine Würfel schneiden, die Zwiebel hacken. Etwas Öl in einem Topf erhitzen und Zwiebel und Zucchini darin anbraten. Wenn sie leicht gebräunt sind, die flüssige Sahne zufügen.
3. Die Mischung unter gelegentlichem Rühren köcheln lassen, bis die Zucchini weich sind.
4. Die Butter unterrühren, dann die Mischung abkühlen lassen.
5. Den Backofen auf höchster Stufe vorheizen. Den Pizzateig zu einem Kreis von 30 cm Durchmesser ausrollen und auf ein eingeöltes Backblech legen.
6. Mit Sahne-Zucchini, Pancetta und Mozzarella belegen.
7. 15 Minuten backen, bis die Pizza goldbraun ist.
8. Aus dem Ofen nehmen und mit Parmesanspänen und Basilikum bestreuen.

I'M IN LOVE
with Pizza Tonno

FÜR 1 PIZZA | **VORBEREITUNG:** 30 MIN. | **RUHEZEIT:** 5 STD. + 1 NACHT | **BACKZEIT:** 15 MIN.

Zutaten:

1 Kugel klassischer Pizzateig (siehe Seite 50)
70 g gelbe Kirschtomaten
30 g geräucherter Mozzarella
100 g Mozzarella Fior di Latte
60 g Thunfisch
7 Blätter Basilikum
1 Schuss Olivenöl
50 g Stracciatella-Käse
2 g Katsuobushi (Bonito-Flocken)

1. Den Pizzateig zubereiten, wie auf Seite 50 beschrieben.
2. Den Backofen auf höchster Stufe vorheizen. Den Pizzateig zu einem Kreis mit 30 cm Durchmesser ausrollen und auf ein eingeöltes Backblech legen.
3. Die Tomaten halbieren und gleichmäßig auf dem Teig verteilen. Ebenso beide Sorten Mozzarella, Thunfisch und Basilikum verteilen. Mit einem Schuss Olivenöl beträufeln.
4. 15 Minuten backen, bis die Pizza goldbraun ist.
5. Aus dem Ofen nehmen. Stracciatella und Katsuobushi auf der Pizza verteilen.

PIZZA
Mortadella Kombat

FÜR 1 PIZZA | **VORBEREITUNG:** 30 MIN. | **RUHEZEIT:** 5 STD. + 1 NACHT | **BACKZEIT:** 20 MIN.

Zutaten:

1 Kugel klassischer Pizzateig (siehe Seite 50)

Pistaziencreme:

100 g flüssige Sahne

15 g Pistazienmus

50 g geriebener Parmesan

Salz

Belag:

60 g Pistaziencreme (siehe oben)

100 g Mozzarella

70 g Mortadella in dünnen Scheiben

125 g Burrata

10 g geschälte Pistazienkerne

1. Den Pizzateig vorbereiten, wie auf Seite 50 beschrieben.
2. Für die Pistaziencreme die Sahne mit Pistazienmus, Parmesan und Salz (nach Geschmack) in einem kleinen Topf aufkochen.
3. Den Backofen auf höchster Stufe vorheizen. Den Pizzateig zu einem Kreis mit 30 cm Durchmesser ausrollen und auf ein eingeöltes Backblech legen.
4. Pistaziencreme und Mozzarella auf dem Teig verteilen.
5. 15 Minuten backen, bis die Pizza goldbraun ist.
6. Aus dem Ofen nehmen. Mit Mortadellascheiben belegen, die Burrata in die Mitte setzen und alles mit grob gehackten Pistazienkernen bestreuen.

PIZZA MIT FRISCHER NOTE

FÜR 1 PIZZA | **VORBEREITUNG:** 35 MIN. | **RUHEZEIT:** 5 STD. + 1 NACHT | **BACKZEIT:** 15 MIN.

Zutaten:

1 Kugel klassischer Pizzateig (siehe Seite 50)
100 g Mozzarella Fior di Latte
300 g Basilikum
100 g Olivenöl
50 g Pinienkerne
50 g Parmesan
2 g Salz
1 Zitrone

1. Den Pizzateig vorbereiten, wie auf Seite 50 beschrieben.
2. Den Backofen auf höchster Stufe vorheizen. Den Pizzateig zu einem Kreis mit 30 cm Durchmesser ausrollen und auf ein eingeöltes Backblech legen.
3. Mozzarella zerpflücken und auf dem Teig verteilen. 15 Minuten backen, bis die Pizza goldbraun ist.
4. Für das Basilikumpesto die Basilikumblätter in einen hohen, schlanken Becher geben. Olivenöl, Pinienkerne, Parmesan und Salz dazugeben und mit einem Stabmixer pürieren.
5. Die gebackene Pizza aus dem Ofen nehmen. Basilikumpesto in Klecksen darauf verteilen und alles mit abgeriebener Zitronenschale bestreuen.

VARIANTE

Für eine einfachere Version dieses Rezepts den gesamten Teigboden mit Olivenöl bestreichen und backen. Aus dem Ofen nehmen und großzügig mit geriebenem Parmesan und abgeriebener Schale einer Zitrone bestreuen. Diese Variante wurde von Bauern erfunden, die ihren eigenen Parmesan herstellten. Der Pizzateig wurde ohne Hefe zubereitet, sodass die Pizza dünn und sehr knusprig wurde.

Kleines Pizza-Tutorial!

Die Pizza wird je nach Geschmack, Jahreszeit und vor allem je nach Region immer wieder neu erfunden! Zwischen Neapel und Rom gibt es die verschiedensten Arten italienischer *pizze*, und der Teig ist bei Gruppomimo immer zart und locker.

WÄHLE DEINEN TEIG UND DEINE REGION!

Zuerst die **neapolitanische Pizza:** Emanueles Lieblingspizza, die wir bei Gruppomimo servieren! Sie kommt aus Neapel, der Heimat der Pizza in Italien, und hat einen sehr leichten, hohen Boden – dank der langen Ruhezeit, die für einen besonders luftigen *cornicione** sorgt!

**cornicione* ist der Rand der Pizza. Er muss locker sein und eine schöne knusprige Kruste haben … Köstlich!

Die **römische Pizza** ist dünner und insgesamt knuspriger. Ihr *cornicione** ist relativ flach. Manche behaupten, dies sei die klassische Pizza. Auf jeden Fall schmeckt sie genauso gut wie die *pizza napoletana.*

Die **Pizza al taglio** ist ebenfalls recht dünn und knusprig. Sie wird auf großen Blechen gebacken und in rechteckige Stücke geschnitten, die man zu Preisen zwischen 1 und 3 Euro kaufen kann und gleich aus der Hand isst. Sie ist rund um Rom sehr beliebt.

PROFI-TIPPS VOM PIZZABÄCKER

Wer sagt, dass es unmöglich ist, zu Hause eine Pizza wie in der Pizzeria zu backen? Mit unseren Tipps ist es gar nicht so schwer.

- ✔ Ein **geeignetes Mehl** verwenden und die Hefe sorgfältig auswählen!
- ✔ Den Teig beim Formen der Kugeln **nicht zu stark kneten.** Mit der Handfläche in eine schöne runde Form bringen.
- ✔ Wenn der Teig fast fertig ausgerollt ist, wird er vorsichtig **mit den Fingerspitzen auf die richtige Größe** gedehnt, aber ohne den Rand zu berühren.
- ✔ Für eine neapolitanische Pizza **einen schönen dicken Rand** rund um die Pizza stehen lassen.
- ✔ Die Pizza **in einem sehr heißen Ofen** backen, am besten bei mindestens 300 °C. Den Backofen auf höchster Stufe vorheizen.
- ✔ **Die Beläge sorgfältig auswählen** und darauf achten, wie viel Feuchtigkeit sie abgeben (was den Teig durchweichen könnte). Das gilt besonders für Gemüse und Mozzarella.

UNERLÄSSLICH FÜR DIE PIZZERIA ZU HAUSE!

- ✔ **Pizzaschieber:** um die rohe belegte Pizza in den heißen Ofen zu schieben. Mit dem Schieber kann man die Pizza so platzieren, dass sie die optimale Hitze bekommt, aber nicht verbrennt.
- ✔ **Heißer Ofen:** Nicht alle haben einen Pizzaofen zu Hause. Aber auch mit einem herkömmlichen Backofen, der auf 270 °C oder 300 °C erhitzt wird, lassen sich gute Ergebnisse erzielen!
- ✔ **Pizzaroller:** sehr praktisch, um die Pizza schnell und präzise zu schneiden, ohne die Luft aus dem *cornicione* zu drücken.
- ✔ **Pizzastein:** Er treibt die Temperatur im Ofen in die Höhe. Das Backergebnis kommt dem aus einem klassischen Pizzaofen am nächsten.
- ✘ Traditionellerweise sollte man kein Rollholz zum Ausrollen des Teiges verwenden. Das ist ein Sakrileg! Dadurch wird die ganze schöne Luft, die bei der Teigruhe entstanden ist, wieder herausgepresst.

SCROCCHIARELLA
della Toscana

FÜR 1 SCROCCHIARELLA | **VORBEREITUNG:** 20 MIN. | **GARZEIT:** 20 MIN.

Zutaten:

1 Rezept Scrocchiarella (siehe Seite 53), gebacken
4 Kartoffeln
1 Schuss Olivenöl
150 g Parmaschinken
300 g Raclettekäse in Scheiben
Salz

TIPP VON EMANUELE

Eine Scrocchiarella ist zum Teilen da. Dieses Rezept reicht für vier Personen mit gutem Appetit.

1. Die Kartoffeln mit der Schale in einem Topf mit kochendem Wasser etwa 20 Minuten garen.
2. Abkühlen lassen, dann in 1 mm dünne Scheiben schneiden oder hobeln.
3. Die Kartoffeln auf eine gebackene Scrocchiarella-Teigplatte legen. Mit Öl beträufeln und mit etwas Salz würzen. Mit Parmaschinken und Raclettekäse belegen. Mit der zweiten Scrocchiarella-Teigplatte bedecken.
4. Im Ofen oder auf dem Grill erhitzen, bis der Käse schmilzt.

SCROCCHIARELLA

mit gekochtem Schinken, Rucola und Stracciatella

FÜR 1 SCROCCHIARELLA | VORBEREITUNG: 10 MIN. | GARZEIT: 5 MIN.

Zutaten:

1 Rezept Scrocchiarella (siehe Seite 53), gebacken
150 g Rucola
150 g gekochter Schinken
150 g Stracciatella-Käse
Olivenöl

TIPP

Diese Scrocchiarella eignet sich hervorragend für den Sommer, sollte dann aber vor dem Servieren nicht erwärmt werden. Wer mag, kann sie auch mit Feta belegen.

1. Eine Teigplatte mit Rucola, Schinken und Käse belegen, dann mit etwas Olivenöl beträufeln.
2. Mit der zweiten Teigplatte abdecken und im Backofen oder Grill erhitzen.

NON SOLO PASTA!

TAGLIATELLE

FÜR 4-6 PERSONEN | VORBEREITUNG: 25 MIN. | RUHEZEIT: 30-40 MIN.

Zutaten:

300 g Mehl Type 45

3 Eier

100 g feiner Weizengrieß

GARZEIT

3 Minuten in kochendem Wasser garen.

SCHRITT 1

In einer großen Schüssel aus dem Mehl einen »Vulkan« formen und die Eier in die Mitte schlagen.

SCHRITT 2

Nach und nach das Mehl mit den Eiern vermischen und alles kneten, bis ein glatter, elastischer Teig entsteht.

SCHRITT 3

Den Teig zu einer Kugel formen, in Frischhaltefolie wickeln und 30–40 Minuten ruhen lassen.

SCHRITT 4

Den Teig in drei Stücke teilen und mit der Handfläche flach drücken, um ihn leichter durch die Nudelmaschine führen zu können.

SCHRITT 5

Mit dem Ausrollen auf der dicksten Einstellung beginnen und diese mit jedem Durchgang um eine Stufe verringern. Nur für den ersten Durchgang wird der Teig gefaltet, bevor man ihn durch das Walzwerk laufen lässt. Der Teig sollte am Ende eine Dicke von 1 bis 1,5 mm haben.

TIPP

Wer keine Nudelmaschine hat, faltet die ausgerollten Teigplatten vierfach und schneidet sie mit einem scharfen Messer oder einem Schneiderädchen in 5 mm breite Streifen.

SCHRITT 6

Die fertigen Teigplatten durch den Schneidevorsatz für Tagliatelle laufen lassen.

SCHRITT 7

Die Tagliatelle mit Grieß bestreuen, damit sie nicht zusammenkleben.

RAVIOLI
nach Art des Hauses

FÜR 4-6 PERSONEN | VORBEREITUNG: 40 MIN. | RUHEZEIT: 30-40 MIN.

Zutaten:
500 g Mehl Type 45
5 Eier
Füllung nach Belieben

SCHRITT 1

Den Teig mit den hier angegebenen Mengen zubereiten. Die Arbeitsweise ist bei den Tagliatelle (Schritt 1–3) beschrieben.

SCHRITT 2

Den Teig mit der Nudelmaschine zu mehreren Platten ausrollen. Mit der dicksten Einstellung beginnen und Schritt für Schritt reduzieren.

SCHRITT 3

Eine Teigplatte auf die Arbeitsfläche legen. Kleine Kleckse der Füllung (10–15 g) in einer geraden Reihe und gleichmäßigen Abständen auf den Teig setzen.

SCHRITT 4

Den Teig um die Füllung herum mit etwas Wasser einpinseln.

SCHRITT 5

Das Ganze mit einer zweiten Teigplatte gleicher Größe bedecken.

SCHRITT 6

Die Teigplatten zwischen den Füllungsklecksen gut zusammendrücken. Die Ravioli mit einem Glas oder einem runden Ausstecher aus dem Teig ausstechen.

SCHRITT 7

Den überflüssigen Teig vorsichtig entfernen – fertig.

GNOCCHI, GEFÜLLT MIT MOZZARELLA
und Sugo Borromeo

FÜR 6-8 PERSONEN | VORBEREITUNG: 15 MIN. | RUHEZEIT: 15 MIN. | GARZEIT: 35 MIN.

Zutaten:

Für den Teig:
- 1 kg Kartoffeln
- 1 Ei
- 300 g Mehl Type 45
- 10 g Salz
- 1 g Pfeffer

Für den Sugo:
- 50 g Butter
- 10 frische Salbeiblätter
- 300 g Kirschtomaten
- 1 Prise Salz
- 1 Prise Pfeffer

Für die Füllung:
- 100 g Mozzarella
- 100 g Kirschtomaten

SCHRITT 1

Für den Teig die Kartoffeln 20 Minuten in einem Topf mit kochendem Wasser garen, Die Kartoffeln pellen, abkühlen lassen und in einer Schüssel zerdrücken.

SCHRITT 2

Die zerdrückten Kartoffeln mit Ei, Salz, Pfeffer und gesiebtem Mehl vermischen. Den Teig zu einer glatten Kugel formen und 5–10 Minuten ruhen lassen.

VARIANTE

Für traditionelle Gnocchi den Teig zubereiten (Schritt 1 und 2). Nachdem der Teig geruht hat, eine 2 cm breite Rolle formen und in 2 cm lange Stücke schneiden. Die Teigstücke vorsichtig mit den Zinken einer Gabel eindrücken. Anschließend 5 Minuten in kochendem Wasser garen.

SCHRITT 3

Für den Sugo die Butter in einem Topf zerlassen. Die Salbeiblätter zugeben. Die halbierten Kirschtomaten, Salz und Pfeffer dazugeben. 10 Minuten bei schwacher Hitze köcheln lassen.

SCHRITT 4

Für die Füllung die Kirschtomaten vierteln und den Mozzarella zerbröseln.

SCHRITT 5

30–40 g Teig in der Hand zu einer flachen Scheibe formen. In die Mitte des Teigs 10–15 g der Tomaten-Mozzarella-Mischung geben.

SCHRITT 6

Den Teig um die Füllung herum zusammendrücken, sodass eine Beutelform entsteht.

SCHRITT 7

Den Beutel umdrehen und zu einer gleichmäßigen Kugel rollen.

SCHRITT 8

Die Gnocchi 2 Minuten in kochendem Wasser garen. Abgießen, dabei zwei Schöpfkellen Kochwasser zurückbehalten, zu dem Sugo geben und mit den Gnocchi servieren.

ARRABBIATA

FÜR 4-6 PERSONEN | VORBEREITUNG: 10 MIN. | **GARZEIT:** 25-30 MIN.

Zutaten:

100 ml Olivenöl

2 Knoblauchzehen

1 Habanero-Chili (Achtung, scharf!)

600 g Kirschtomaten

1 Bund Basilikum

Parmesan zum Servieren

Salz und Pfeffer

1. Das Olivenöl in einer Pfanne erhitzen. Die ganzen geschälten Knoblauchzehen goldbraun braten, dann herausnehmen.
2. Die gehackte Chili ins Öl geben, die halbierten Kirschtomaten hinzufügen und alles 5 Minuten köcheln lassen.
3. Drei Schöpfkellen kaltes Wasser und die Basilikumblätter hinzufügen und 15–20 Minuten kochen lassen.
4. Abschmecken und die Tomaten mit einer Gabel zerdrücken. Mit Pasta nach Wahl und Parmesan servieren.

AMATRICIANA

FÜR 4-6 PERSONEN | **VORBEREITUNG:** 10 MIN. | **GARZEIT:** 25 MIN.

Zutaten:

300 g Guanciale
(oder geräucherter Bauchspeck)

1 Schuss Olivenöl

1 Zwiebel

800 g Polpa (Tomatenpulpe)

1 Bund Basilikum,
Blätter abgezupft

300 g Pecorino Romano,
gerieben

1. Den Speck in feine Streifen schneiden. Die Zwiebel schälen und hacken.
2. Das Öl in einer Pfanne erhitzen. Die Zwiebel goldbraun braten, dann Polpa und Basilikum hinzufügen.
3. Köcheln lassen, bis die Tomatenstücke orange werden (ein gutes Zeichen, dass sie fertig sind). Zur Seite stellen.
4. Speck in einer weiteren Pfanne goldbraun braten. Die Hälfte des Speckfetts abgießen, den Rest in der Pfanne lassen.
5. Die Tomatenmischung zu Speck und Fett in die Pfanne geben und 10 Minuten bei sehr schwacher Hitze köcheln lassen. Mit Pasta nach eigener Wahl und Pecorino servieren.

BOLOGNESE, die echte

FÜR 4-6 PERSONEN | **VORBEREITUNG:** 25 MIN. | **GARZEIT:** 2 STD.

Zutaten:
2 Zwiebeln
2 schöne Karotten
2 Stangen Sellerie
1 Schuss Olivenöl
1,5 kg Rinderhackfleisch
2 Lorbeerblätter
1 Prise Muskatnuss
Salz und Pfeffer

Für die Brühe:
1 kg Suppenknochen
2 Stangen Sellerie
2 Karotten
1 Zwiebel
1 Glas Weißwein
Eiswürfel

TIPP

Je länger die Bolognese köchelt, desto köstlicher wird sie. Noch besser schmeckt sie mit selbst gekochter Brühe. Wer dazu keine Zeit hat, kann auch gekaufte Brühe verwenden.

FÜR DIE BRÜHE

1. Die Knochen und das grob geschnittene Gemüse auf ein Backblech legen. Mit etwas Salz und Pfeffer bestreuen.
2. Bei 200 °C etwa 30 Minuten im Ofen bräunen.
3. Knochen und Gemüse aus dem Ofen nehmen. In einen Topf geben, den Weißwein zufügen und alles stark erhitzen.
4. Wenn der Wein verdampft ist, Knochen und Gemüse mit Eiswürfeln bedecken und etwa 1 Stunde köcheln lassen, bis die Mischung etwas reduziert ist. Sollte sich die Brühe zu stark reduziert haben, etwas kochendes Wasser hinzufügen, um 1 Liter Brühe zu erhalten.

FÜR DIE BOLOGNESE

5. Zwiebeln, Karotten und Sellerie in kleine Würfel schneiden.
6. Das Olivenöl in einem großen Topf erhitzen. Die Gemüsewürfel dazugeben und bei mittlerer Hitze 5 Minuten unter ständigem Rühren andünsten.
7. Das Hackfleisch zugeben und unter Rühren anbraten.
8. Einen Liter Brühe, Lorbeerblatt, Muskatnuss, Salz und Pfeffer zufügen und alles bei schwacher Hitze köcheln lassen.

PESTO
Ericino

FÜR 6-8 PERSONEN | **ZUBEREITUNG:** 5 MIN.

Zutaten:

6 Knoblauchzehen, abgezogen
150 g Mandeln, blanchiert
1 Bund Basilikum, Blätter abgezupft
600 g gelbe Kirschtomaten
600 g rote Kirschtomaten
200 ml Olivenöl
150 g Pecorino

TIPP VON PIETRO

Um Soßen und Pesto noch cremiger zu machen, gib immer etwas Nudelkochwasser hinzu, um sie zu binden.

1. Alle Zutaten in einen Mixer oder Mörser geben.
2. Zu einem nicht allzu glatten Pesto verarbeiten.
3. Mit Pasta nach eigener Wahl servieren.

PESTO Genovese

FÜR 4-6 PERSONEN | ZUBEREITUNG: 15 MIN.

Zutaten:

25 g Pinienkerne

250 g Basilikum, Blätter abgezupft

70 g Pecorino, frisch gerieben

70 g Parmesan, frisch gerieben

200 ml Olivenöl

2-3 Eiswürfel

Salz und Pfeffer

TIPP

Die Eiswürfel verhindern, dass sich das Pesto schwärzlich verfärbt.

1. Die Pinienkerne in einer Pfanne ohne Fett goldbraun rösten. Vorsicht, sie verbrennen leicht.
2. Alle Zutaten in einen Mixer oder Mörser geben und zu einem nicht allzu glatten Pesto verarbeiten.
3. Mit Pasta nach eigener Wahl servieren.

NORMA
mit Sommergemüse

FÜR 6-8 PERSONEN | VORBEREITUNG: 30 MIN. | GARZEIT: 50 MIN.

Zutaten:

1 Zwiebel

1 Karotte

2,6 kg Tomaten, geschält

100 ml Olivenöl

1 Bund Basilikum + einige Blätter zum Servieren

4 Auberginen

Sonnenblumenöl zum Frittieren

200 g Ricotta Salata (trocken und gesalzen, in italienischen Lebensmittelgeschäften)

800 g Pasta nach Wahl

Salz und Pfeffer

TIPP

Vergiss nicht, am Ende etwas Nudelkochwasser in die Soße zu geben.

1. Zwiebel und Karotte in kleine Würfel schneiden. Die Tomaten häuten.
2. Zwiebel und Karotte in einem Topf bei starker Hitze 3 Minuten im Olivenöl anbraten.
3. Geschälte Tomaten zugeben, aufkochen, dann auf schwache Hitze herunterschalten. 40 Minuten köcheln lassen, bis die Tomaten orange werden. Basilikumblätter, Salz und Pfeffer dazugeben. Das Ganze im Mixer pürieren.
4. Die Auberginen in 2 cm große Würfel schneiden. 3–4 Minuten in Sonnenblumenöl frittieren, dann auf ein Gitter legen, um das überschüssige Öl abtropfen zu lassen.
5. Die Auberginen in die Tomatensoße geben.
6. Mit Pasta nach Wahl servieren. Mit geriebenem Ricotta bestreuen und mit Basilikumblättern dekorieren.

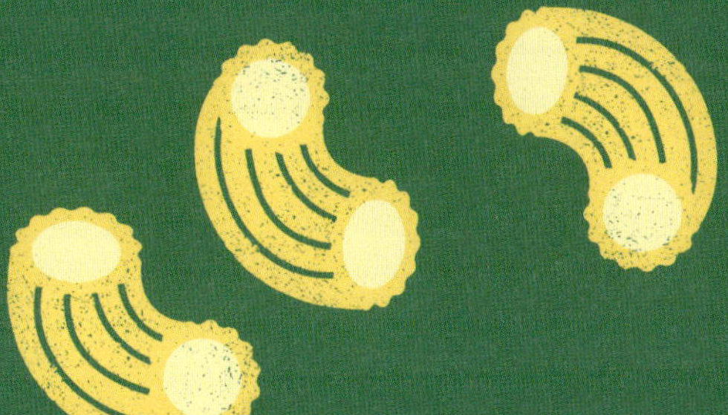

PASTA
mit Pistazienpesto

FÜR 4-6 PERSONEN | **VORBEREITUNG:** 20 MIN. | **GARZEIT:** 10 MIN.

Zutaten:

Für das Pistazienpesto:

300 g Pistazienkerne

50–75 ml Olivenöl

Salz und Pfeffer

Für die Pasta:

500 g Pasta nach Wahl

2 Frühlingszwiebeln

100 g Butter

TIPP

Man kann das Pistazienpesto auch fertig in italienischen Feinkostgeschäften kaufen. Es hält sich bis zu zwei Wochen im Kühlschrank, muss aber immer mit einer Ölschicht bedeckt sein.

FÜR DAS PISTAZIENPESTO

1. Die Pistazien in einem Mörser zerstoßen.
2. Das Olivenöl unterrühren. Salzen und pfeffern.

FÜR DIE PASTA

3. Die Pasta *al dente* kochen. Die Frühlingszwiebeln fein schneiden.
4. Die Butter in einer Pfanne zerlassen und die Frühlingszwiebeln darin 1 Minute anbraten.
5. 4–6 EL Pistazienpesto dazugeben.
6. Eine Schöpfkelle Nudelkochwasser zugeben und umrühren.
7. Die bissfeste Pasta in die Pfanne geben und fertig garen. Dabei bindet die Stärke der Pasta die Soße.

LINGUINE
alle Vongole

FÜR 4-6 PERSONEN | **VORBEREITUNG:** 25 MIN. | **GARZEIT:** 15 MIN.

Zutaten:

60 Venusmuscheln
400 g Linguine
1 Schuss Olivenöl
1 Bund Petersilie
2 Knoblauchzehen
½ Glas Weißwein
125 g gelbe Kirschtomaten
125 g rote Kirschtomaten
Pfeffer

TIPP

Für noch mehr Geschmack kann das Gericht mit etwas Chili verfeinert werden.

1. Die Muscheln gründlich abspülen, um Verunreinigungen und Sand zu entfernen.
2. Die Pasta *al dente* kochen.
3. Das Olivenöl in einer Pfanne stark erhitzen. Petersilienblätter, gehackten Knoblauch und Pfeffer ins Olivenöl geben.
4. Nach 1 Minute die Muscheln hinzufügen und den Weißwein zugießen.
5. Die halbierten Kirschtomaten zugeben.
6. Unter Rühren kochen lassen, bis die Muscheln sich öffnen.
7. Die Pasta und eine Schöpfkelle ihres Kochwassers in die Pfanne geben und noch einmal kurz aufkochen.

RAVIOLI

mit Schwertfisch, Aubergine, Tomaten und Minze

FÜR 4-6 PERSONEN | **VORBEREITUNG:** 40 MIN. | **GARZEIT:** 15 MIN.

Zutaten:

1 Rezept Ravioliteig
(siehe Seite 84)

1 Aubergine

Sonnenblumenöl zum Braten

3 Zweige Minze

1EL Olivenöl

4 Knoblauchzehen

500 g Schwertfischfilet

½ Glas Weißwein

200 g Kirschtomaten

200 g Weißbrotstücke ohne Rinde, sehr klein geschnitten

1 Prise Salz

1 Prise Pfeffer

1. Den Ravioliteig nach dem Rezept auf Seite 84 (Schritt 1–3) zubereiten.
2. Für die Füllung die Aubergine in kleine Würfel schneiden und 3 Minuten in Sonnenblumenöl braten. Die Minzeblätter hacken.
3. Das Olivenöl in einer Pfanne erhitzen. Den gehackten Knoblauch kurz anbraten. Den Schwertfisch zugeben, goldbraun werden lassen und mit Weißwein ablöschen.
4. Halbierte Kirschtomaten, Auberginen, Minze, Salz und Pfeffer zugeben und 2 bis 3 Minuten köcheln lassen.
5. Die Soße abkühlen lassen, dann die Weißbrotkrumen einrühren.
6. Die Ravioli formen und füllen, wie in der Schritt-für-Schritt-Anleitung auf Seite 84 beschrieben (Schritt 3 bis 6).
7. Die Ravioli 3 Minuten in einem Topf mit kochendem Wasser garen. Sie sind fertig, sobald sie an die Oberfläche steigen.

CARBONARA

ganz italienisch

FÜR 6 PERSONEN | **VORBEREITUNG:** 20 MIN. | **GARZEIT:** 15 MIN.

Zutaten:

6 Eigelb

ca. 100 g Parmesan

ca. 100 g Pecorino Romano

800 g Guanciale (oder geräucherter Bauchspeck)

800 g Pasta nach eigener Wahl

Pfeffer

GESCHICHTE

Die Carbonara verdankt ihren Namen ihrem Ursprung: Sie wurde von den Arbeitern in den Kohleminen gekocht (*carbone* = Kohle) und enthielt viel Pfeffer, der schwarz wie Kohle ist.

1. Eigelb, Käse und Pfeffer in eine Schüssel geben. Kräftig verrühren, bis eine homogene, pastöse Creme entsteht (die Käsemengen je nach gewünschter Konsistenz anpassen).
2. Die Pasta *al dente* kochen. Beim Abschütten etwas Nudelwasser zurückhalten.
3. Den Speck in Streifen schneiden. In einer Pfanne auf niedriger Stufe erhitzen. Wenn er etwas Fett abgegeben hat, auf mittlere Hitze umschalten, um ihn im eigenen Fett zu braten.
4. Wenn der Speck goldbraun ist, das überschüssige Fett abgießen. Den Speck in der Pfanne lassen.
5. Die Pasta mit etwas Nudelwasser in die Pfanne geben und umrühren.
6. Den Inhalt der Pfanne in eine Glasschüssel umfüllen und die Eiermischung zugießen. Gut verrühren.
7. Wenn nötig, noch mehr Nudelwasser unterrühren, damit die Carbonara cremiger wird.

4 FORMAGGI

FÜR 6-8 PERSONEN | VORBEREITUNG: 15 MIN. | GARZEIT: 20 MIN.

Zutaten:

150 g Gorgonzola

150 g Taleggio (in italienischen Feinkostgeschäften, ersatzweise Pecorino)

400 ml Vollmilch

800 g Pasta nach Wahl

150 g Parmesan, frisch gerieben

150 g Gruyère, frisch gerieben

Pfeffer

TIPP

Für dieses Rezept solltest du am besten kurze Pasta verwenden (Penne, Sedanini, Rigatoni, Farfalle, Fusilli ...).

1. Gorgonzola und Taleggio in Würfel schneiden.
2. Die Pasta *al dente* kochen. Beim Abschütten etwas Nudelwasser zurückhalten.
3. Milch und Pfeffer in einem Topf auf niedriger Stufe erhitzen.
4. Sobald die Milch leicht köchelt, zuerst den Parmesan zugeben, dann die übrigen Käsesorten. Umrühren und den Käse schmelzen lassen.
5. Die Pasta mit etwas von Nudelwasser zugeben und weitere 2 Minuten köcheln lassen.
6. Schon fertig: Servieren und genießen!

ALLA BRONTESE
mit Gambas

FÜR 4-6 PERSONEN | **VORBEREITUNG:** 40 MIN. | **GARZEIT:** 45 MIN.

Zutaten:

Für den Sud:

1 kg Gambas
Olivenöl
Schale von ½ Zitrone
1 Stange Sellerie
1 schöne Karotte
125 g Kirschtomaten (oder 50 g doppelt konzentriertes Tomatenmark)
1 Knoblauchzehe
1 Zwiebel
1 Bund Petersilie
½ Glas Weißwein
Eiswürfel

Für die Soße:

2 Frühlingszwiebeln
100 g Butter
5 EL Pistazienpesto (siehe Seite 100)
Pasta nach Wahl
Pistazienkerne zum Garnieren
Salz und Pfeffer

FÜR DEN SUD

1. Die Gambas schälen und entdarmen. Köpfe und Schalen aufbewahren.
2. Die Gambas in etwas Olivenöl mit Salz, Pfeffer und Zitronenschale marinieren. Beiseite stellen.
3. Sellerie, Karotte, Knoblauch und Zwiebel grob hacken. Die Kirschtomaten halbieren.
4. Etwas Olivenöl in einem großen Topf erhitzen. Sellerie, Karotte, Kirschtomaten, Knoblauch und Zwiebel hinzufügen und bei starker Hitze 2 Minuten dünsten.
5. Die Petersilie sowie die Köpfe und Schalen der Gambas zugeben. 8–10 Minuten bei starker Hitze kochen lassen, dann mit Weißwein ablöschen.
6. Wenn der Alkohol verdampft ist, auf niedrige Hitze herunterschalten und Eiswürfel hinzufügen. Kochen lassen, bis die Flüssigkeit zu reduzieren beginnt.
7. Den Sud durch ein Sieb in eine Schüssel abseihen. Die Feststoffe mit einer Schöpfkelle gut ausdrücken, um keine Aromastoffe zu verschwenden.

FÜR DIE SOSSE

8. Frühlingszwiebeln fein hacken. Pasta *al dente* kochen.
9. Die Butter in einer Pfanne schmelzen und die Frühlingszwiebeln darin 1 Minute anbraten. Gambas mit Marinade zugeben und kurz mitbraten, bis sie gar sind. Dabei darauf achten, dass sie nicht trocken werden.
10. Das Pistazienpesto und eine Schöpfkelle Nudelkochwasser unterrühren.
11. Eine Kelle Sud und die Pasta in die Pfanne geben und 2 Minuten köcheln lassen. Mit einigen Pistaziensplittern bestreuen und servieren.

Die Pasta-Reise

Lass dich von Gruppomimo auf eine Pasta-Reise durch Italien mitnehmen.

Los geht's!

GENOVA

EMILIA-ROMAGNA

Zwischenstopp in der Hauptstadt

ROMA

GENOVA

Tortellini
Kleine, runde Pastataschen

Linguine
Die berühmten »platten Spaghetti«

Trofie
Dünn und kurz, perfekt mit Pesto

ROMA

Bucatini
Lange, hohle und dicke Pasta

Pipe rigate
Kleine Schnecken, die viel Soße aufnehmen

NAPOLI

Mafaldine
Gewellte, breite Pastabänder

Fusilli
In der Spiralform bleibt viel Soße hängen

Spaghetti
Der unumgängliche Klassiker der italienischen Küche!

Spaghettoni
Dickere Spaghetti

Penne rigate
Penne ... mit extra Rillen!

Pasta mista
Mischung aus verschiedenen Pastasorten

EMILIA-ROMAGNA*

Farfalle
Hübsche kleine Schleifen

Tagliatelle
Breiter als Linguine

Lasagne
Kult!

PASTA: IM SÜDEN ANDERS ALS IM NORDEN!

Im Norden wird Pasta aus Weichweizen und Eiern zubereitet und daher frisch gegessen. Im Süden verwendet man meist trockene Pasta aus Hartweizen, die mit Soßen oder Würzpasten auf Basis von Olivenöl und sonnenverwöhntem Gemüse serviert wird.

LA CAMPANIA*

Capellini
Dünne »Härchen« aus der Familie der *spaghetti*

Tortiglioni
XXL-Version der *penne rigate*

Orecchiette
»Öhrchen« zum essen

Conchiglie
Hübsche Muscheln

* La Campania heißt die Region um Napoli. Emilia-Romagna liegt im Norden und umgibt Bologna.

Kleines Pasta-Tutorial

Wer Lust hat, selbst gemachte Pasta zu perfektionieren, sollte unbedingt die folgenden Tipps lesen.

TIPPS VOM KÜCHENCHEF

- Du kannst Kastanien-, Kichererbsen- oder Quinoamehl in den Teig geben, aber der Weizenmehlgehalt sollte **immer mindestens 70 Prozent** betragen. Das ist wichtig für eine gute Konsistenz.
- Verwende ganz frische Eier! Sie sorgen für die schöne gelbe Farbe, die typisch für frische, selbst gemachte Pasta ist.

UTENSILIEN FÜR PROFIS

- **Nudelmaschine** (manuell oder elektrisch): unerlässlich für die Herstellung von frischer Pasta! Die manuelle Maschine erfordert mehr Kraftaufwand, kostet aber weniger. Mit ihr kannst du Form, Schnitt und Dicke deiner Pasta selbst bestimmen.
- **Extruder:** Profigerät, normalerweise elektrisch. Erlaubt eine größere Vielfalt an Pastaformen als die einfache Nudelmaschine.
- **Trockengestell:** Praktisch, um die ausgerollte Pasta zu trocknen, aber nicht unbedingt notwendig. Die Nudeln können auch auf sauberen Tüchern auf der Arbeitsfläche ausgebreitet werden.
- **Je nach gewünschtem Pastatyp gibt es noch viel mehr Zubehör.** Da jeder Teig anders ist, muss man manchmal zum Formen spezielles Werkzeug finden. Für Ravioli können zum Beispiel Ausstechformen oder gezahnte Rollen verwendet werden. Gnocchi können mit dem Rücken einer Gabel geformt werden, Orecchiette mit den Fingerspitzen...

MINESTRONE

FÜR 4-6 PERSONEN | **VORBEREITUNG:** 30 MIN. | **GARZEIT:** 35-45 MIN.

Zutaten:

100 g Stangensellerie
100 g Zwiebel
100 g Karotte
100 g Zucchini
100 g Kartoffel (z. B. Bintje)
100 g Lauch
1 Schuss Olivenöl
100 g frische weiße Bohnen
100 g Linsen nach Wahl
200 g gekochte Kichererbsen
1 Zweig Rosmarin
Salz und Pfeffer

1. Das gesamte Gemüse (Sellerie, Zwiebel, Karotte, Zucchini, Kartoffel und Lauch) in gleichmäßige Würfel schneiden – etwa so groß wie die Kichererbsen.
2. Das Olivenöl in einem Topf erhitzen. Sellerie, Karotte und Zwiebel darin bei starker Hitze bräunen.
3. Die restlichen Zutaten hinzufügen und 2 Minuten mitgaren.
4. Alles mit Wasser bedecken und 30–40 Minuten ohne Deckel köcheln lassen.
5. Wenn das gesamte Gemüse gar ist, kann serviert werden.

TIPP

Du kannst zusätzlich Ochsenschwanz in die Suppe geben. (Anmerkung: den man bekommt ihn häufig nur auf Vorbestellung und er hat eine Garzeit von ca. 3-4 Stunden.)

GEFÜLLTE CALAMARI

FÜR 6 PERSONEN | VORBEREITUNG: 40 MIN. | GARZEIT: 50 MIN.

Zutaten:

6 große Tintenfische, ganz, ausgenommen, mit Kopf (à ca. 150 g)

500 g gelbe und/oder rote Kirschtomaten

50 g Kapern

50 g entkernte schwarze Oliven

3 Knoblauchzehen

3 Schuss Olivenöl

1 Glas Weißwein

1 Bund Petersilie

200 g Weißbrotstücke ohne Rinde

Salz und Pfeffer

TIPP

Wer möchte, gibt eingelegte Tomaten in die Füllung und bestreut alles mit Semmelbröseln oder einem anderen Topping.

1. Die Tintenfische (Calamari) säubern: abspülen und die Köpfe (ohne das Maul) zur Seite legen.
2. Die Kirschtomaten halbieren. Kapern, Oliven und Knoblauch hacken. Die Petersilienblätter von den Stielen zupfen.
3. Einen Schuss Olivenöl in einem Topf erhitzen. Knoblauch und die zerkleinerten Tintenfischköpfe darin 5 Minuten anbraten.
4. Mit ½ Glas Weißwein ablöschen.
5. Wenn der Alkohol verdunstet ist, Kapern, Oliven, Petersilie, Salz und Pfeffer hinzufügen.
6. 150 ml Wasser zugeben und 10–15 Minuten einkochen lassen. Den Herd ausschalten und die Mischung abkühlen lassen.
7. Die Weißbrotstücke in kleine Würfel schneiden und in den Topf geben. Mit den Händen gut durchkneten.
8. Die Tintenfischtuben mit der Mischung füllen und mit zwei Zahnstochern kreuzweise verschließen (oder den Rand umklappen und mit einem Zahnstocher zustecken).
9. Zwei Schuss Olivenöl in einem großen Topf erhitzen. Die Tintenfischtuben mit dem restlichen ½ Glas Weißwein hineingeben. Den Alkohol bei mittlerer Hitze verdampfen lassen.
10. Die Kirschtomaten zugeben und alles mit Wasser bedecken. Etwa 20 Minuten köcheln lassen.
11. Calamari mit der Garflüssigkeit servieren.

SALTIMBOCCA

FÜR 6 PERSONEN | **VORBEREITUNG:** 20 MIN. | **GARZEIT:** 20 MIN.

Zutaten:

- 6 dünne Kalbsschnitzel à 150 g
- 200 g Mehl
- 12 Scheiben Parmaschinken
- 12 Salbeiblätter
- 150 g Butter
- Kräuter nach Wahl (Rosmarin, Thymian, Lorbeer ...)
- 1 Glas Marsala (süßer italienischer Rotwein)
- Salz und Pfeffer

TIPPS

Saltimbocca können mit Pasta oder Kartoffeln serviert werden. Wer möchte, bestreut das Fleisch mit zerbröselten Amaretti.

1. Die Kalbsschnitzel halbieren.
2. Eine Seite jedes Schnitzelstücks mit Mehl bestreuen, dann eine Scheibe Schinken sowie ein Salbeiblatt auf das Fleisch legen.
3. Das Fleischstück in der Mitte falten und mit einem Zahnstocher zusammenstecken. Mit den anderen Fleischstücken ebenso verfahren.
4. Die Butter in einer großen Pfanne zerlassen und einige Salbeiblätter zugeben.
5. Gefaltete Schnitzel in Mehl wenden und in die Pfanne legen.
6. Auf einer Seite braten, dann den Marsala dazugeben und das Fleisch wenden.
7. 15 Minuten garen, dabei beobachten und bei Bedarf etwas Wasser hinzufügen.
8. Das Fleisch auf Tellern anrichten und mit der Soße übergießen. Mit Salz und Pfeffer würzen.

RISOTTO
mit Trüffeln und Steinpilzen

FÜR 6-8 PERSONEN | **VORBEREITUNG:** 20 MIN. | **GARZEIT:** 40 MIN.

Zutaten:

300 g Steinpilze
1 Frühlingszwiebel
1 Knoblauchzehe
1 Schuss Olivenöl
1 Glas Weißwein
150 g Butter
600 g Risottoreis
2,5 l Gemüsebrühe
Petersilienblätter
200 g geriebener Parmesan + mehr zum Servieren
50 g frische Trüffel
Salz und Pfeffer

TIPPS

Für ein gutes Risotto empfehlen wir Carnaroli-Reis. Du kannst die Gemüsebrühe selbst herstellen, indem du 1 Stange Sellerie, 1 Karotte und 1 Zwiebel grob hackst und in Wasser kochst.

1. Die Steinpilze in kleine Würfel schneiden, die Frühlingszwiebel in dünne Ringe schneiden und den Knoblauch hacken.
2. Das Olivenöl in einer Pfanne erhitzen. Steinpilze und Knoblauch bei schwacher Hitze goldbraun braten.
3. Mit ½ Glas Weißwein ablöschen und kochen lassen, bis der Alkohol verdampft ist. Zur Seite stellen.
4. 75 g Butter in einem Topf zerlassen. Frühlingszwiebel bei starker Hitze andünsten, dann den Reis zugeben und 3 Minuten mitdünsten, bis er glasig ist.
5. Mit dem restlichen Weißwein ablöschen.
6. Wenn der Alkohol verdampft ist, den Reis mit Gemüsebrühe bedecken.
7. 10 Minuten köcheln lassen, dann Steinpilze mit Knoblauch und Petersilienblätter hinzufügen.
8. Kellenweise Gemüsebrühe zugeben und jeweils warten, bis der Reis sie aufgenommen hat. Dann erst die nächste Kelle zugeben. Fortfahren, bis der Reis gar ist (das dauert ca. 10 Minuten).
9. Vom Herd nehmen, dann die restliche Butter und den Parmesan zum Reis geben und umrühren. Der Risotto soll cremig sein.
10. In tiefe Teller füllen und mit dünn gehobelten Trüffelspänen und geriebenem Parmesan garnieren.

THUNFISCH-TAGLIATA
von den Liparischen Inseln

FÜR 6 PERSONEN | VORBEREITUNG: 15 MIN. | **GARZEIT:** 7 MIN.

Zutaten:

6 Thunfischsteaks à 140 g

1 Schuss Olivenöl

Für die liparische Soße:

300 g gelbe und rote Kirschtomaten

50 g Kapern

50 g entkernte schwarze Oliven

1 Knoblauchzehe

1 Schuss Olivenöl

Salz und Pfeffer

PIETROS TIPPS

Den Thunfisch sollte man bei einem Fischhändler kaufen, der wirklich gute Qualität liefert. Für die Zubereitung verwende ich eine Crêpes-Pfanne.

FÜR DIE LIPARISCHE SOSSE

1. Die Kirschtomaten halbieren. Kapern, Oliven und Knoblauch grob hacken.
2. Das Olivenöl in einer Pfanne auf mittlerer Stufe erhitzen und alle Zutaten für die Soße hineingeben.
3. 5 Minuten köcheln lassen, dann würzen.

FÜR DIE THUNFISCH-TAGLIATA

4. Den Thunfisch auf einer heißen Pfanne mit einem winzigen Schuss Olivenöl scharf anbraten. Wenn er innen rosa sein soll, genügt eine Garzeit von 1 Minute pro Seite.
5. Die Steaks mit der Soße servieren.

SALSICCE
mit Kartoffeln

FÜR 6 PERSONEN | **VORBEREITUNG:** 20 MIN. | **GARZEIT:** 50 MIN.

Zutaten:

1,5 kg Kartoffeln
3 große Zwiebeln
2 Knoblauchzehen
2 Zweige Rosmarin
1 Bund Thymian
2–3 Lorbeerblätter
1 Glas Sonnenblumenöl
100 g Butter
1,5 kg Salsicce (italienische Bratwürste)
Salz und Pfeffer

1. Den Backofen auf 180 °C vorheizen. Die Kartoffeln in ca. 3 cm große Würfel schneiden. Die Zwiebeln in Spalten schneiden.
2. Kartoffeln, Zwiebeln, Knoblauchzehen und Kräuter auf einem Backblech verteilen. Mit Sonnenblumenöl beträufeln und mit Butterflöckchen bestreuen.
3. Würzen, dann 25 Minuten in den Ofen schieben.
4. Die Salsicce hinzufügen und weitere 25 Minuten backen. Sofort servieren.

COUSCOUS San Vito

FÜR 6-8 PERSONEN | **VORBEREITUNG:** 30 MIN. | **GARZEIT:** 1 STD. 15

Zutaten:

450 g mittelfeiner Couscous
Olivenöl
Salz und Pfeffer

Für die Gemüsebrühe:

1 Stange Sellerie
1 schöne Karotte
1 Zwiebel
1 TL Curry
1 TL Safran
1 TL Paprika edelsüß

Für den Fischfond:

1 Stange Sellerie
1 schöne Karotte
1 Zwiebel
2 Knoblauchzehen
4 Stängel Petersilie
1 Schuss Olivenöl
1 kg Fisch und Krustentiere (Seebrasse, Rotbarbe, Gambas, Kaisergranat), ausgenommen und geschuppt oder geschält
1 Glas Weißwein
150 g Kirschtomaten

FÜR DIE GEMÜSEBRÜHE

1. Das Gemüse grob würfeln und zusammen mit den Gewürzen in einen Topf geben.
2. Mit Wasser bedecken und 30 Minuten kochen lassen.

FÜR DEN FISCHFOND

3. In einem anderen Topf grob geschnittenen Sellerie, Karotte und Zwiebel mit Knoblauch und Petersilie im Olivenöl anbraten.
4. Die ganzen Fische und Schalentiere zugeben und mit Weißwein ablöschen.
5. Nch etwas 5 Minuten die Kirschtomaten hinzufügen. Wasser angießen, bis es 2 cm über den Zutaten steht. 40 Minuten köcheln lassen. Salzen und pfeffern.

FÜR DEN COUSCOUS UND ZUM SERVIEREN

6. Den Couscous in eine große Schüssel geben, die Hände mit Olivenöl beträufeln und den Grieß gut durchkneten, um die Körner zu umhüllen.
7. Die Gemüsebrühe durch ein Sieb gießen, das Gemüse zur Seite stellen. Den Couscous mit 450 g kochender Brühe übergießen und mit einem sauberen Küchentuch abdecken.
8. Den Couscous 5 Minuten quellen lassen, dann einen Schuss Olivenöl zugeben und den Couscous mit den Händen auflockern.
9. Den Fisch aus der Brühe nehmen und filetieren. Das Fleisch der Krustentiere auslösen. Den Fischfond durch ein feines Sieb gießen.
10. Gemüse auf den Couscous geben und die Fischfilets und Krustentiere darauf anrichten. Mit dem Fischfond übergießen.

TIPP

Die restliche Brühe kann vier bis fünf Tage im Kühlschrank aufbewahrt werden.

POLPETTINE
nach Art des Hauses

FÜR 8 PERSONEN | **VORBEREITUNG:** 40 MIN. | **GARZEIT:** 1 STD. 15

Zutaten:

Für die Fleischbällchen:

200 g Weißbrotstücke ohne Rinde
50 ml Milch
1 Zwiebel
1 kg Hackfleisch
150 g frisch geriebener Pecorino
150 g frisch geriebener Parmesan
Olivenöl

Für die Tomatensoße:

2,6 kg geschälte Tomaten
1 Zwiebel
1 Karotte
100 ml Olivenöl
1 Bund Basilikum
Salz und Pfeffer

TIPP

Mit leicht eingeölten Händen lassen sich die Fleischbällchen leichter formen.

FÜR DIE TOMATENSOSSE

1. Die Tomaten häuten. Zwiebel und Karotte in kleine Würfel schneiden.
2. Zwiebel und Karotte in einem Topf mit etwas Olivenöl bei starker Hitze 3 Minuten goldbraun anbraten.
3. Die geschälten Tomaten hinzufügen, zum Kochen bringen, dann auf schwache Hitze herunterschalten.
4. 40 Minuten köcheln lassen, bis die Tomaten orange sind. Basilikumblätter, Salz und Pfeffer hinzufügen.
5. In einen Mixer geben und pürieren.

FÜR DIE FLEISCHBÄLLCHEN

6. Die Weißbrotstücke in einer Schüssel 2–3 Minuten in der Milch einweichen.
7. Die Zwiebel sehr fein hacken.
8. Das eingeweichte Brot in eine Schüssel geben und mit den restlichen Zutaten und einem Schuss Olivenöl verrühren.
9. Kleine Bällchen (etwa esslöffelgroß) formen und in einen Topf mit einem Schuss Olivenöl legen.
10. Mit der Tomatensoße übergießen und 30 Minuten bei schwacher Hitze köcheln lassen.

OSSOBUCO

FÜR 4 PERSONEN | **VORBEREITUNG:** 30 MIN. | **GARZEIT:** 4 STD.

Zutaten:

4 Beinscheiben vom Kalb (à 300 g)
100 g Mehl
50 ml Olivenöl
250 g Zwiebeln
2 Knoblauchzehen
1 Zweig Rosmarin
50 g Butter
Salz und Pfeffer

Für die Brühe:

1 kg Suppenknochen
2 Stangen Sellerie
2 Karotten
1 Zwiebel
1 Glas Weißwein
Eiswürfel

TIPP

Wer wenig Zeit hat, kann auch einen gekauften Kalbsfond verwenden.

FÜR DIE BRÜHE

1. Die Knochen und das grob geschnittene Gemüse auf ein Backblech legen und mit etwas Salz und Pfeffer würzen.
2. Bei 200 °C 30 Minuten im Backofen bräunen.
3. Das Blech aus dem Ofen nehmen, die Zutaten in einen Topf geben und den Weißwein dazugeben. Bei mittlerer Hitze köcheln lassen.
4. Wenn der Wein verdunstet ist, Knochen und Gemüse mit Eiswürfeln bedecken. Etwa 2 Stunden kochen lassen, bis die Flüssigkeit leicht reduziert ist.

FÜR DIE BEINSCHEIBEN

5. Die Beinscheiben in Mehl wälzen.
6. Das Olivenöl auf hoher Stufe in einem Topf erhitzen.
7. Die gehackten Zwiebeln darin 3–4 Minuten bräunen, aber nicht verbrennen lassen. Aus dem Topf nehmen und zur Seite stellen.
8. Im selben Topf die Beinscheiben bei starker Hitze von allen Seiten anbraten. Knoblauch und Rosmarin dazugeben.
9. Die Butter hinzufügen, dann Fleisch und Zwiebeln mit der Brühe bedecken.
10. 1 Stunde 20 Minuten abgedeckt bei mittlerer Hitze köcheln lassen. Falls nötig, zwischendurch etwas Brühe nachfüllen, damit das Fleisch nicht austrocknet.
11. Das Fleisch ist gar, wenn es sich leicht vom Knochen löst. Die Beinscheiben in eine Schüssel legen, mit der Brühe übergießen und servieren.

SLICE SLICE BABY!

CIAO AMORE

THAT'S WHAT CHEESE SAID...

Another one bites the crust...

Say cheese!

BACI BACI

GLOSSARIO DELLA SQUADRA!

SPOON ME!

BELLA RAGAZZA!

BURRATA LOVERS

Pasta la vista baby...

Sazio!

EVERY DAY I'M TRUFFLIN'...

Kleines Tomatenquiz

1 Wie wurde die Tomate ursprünglich verwendet?

A. Für Soßen: so köstlich …
B. Als Püree: schnell gemacht!
C. Zur Dekoration: wie hübsch!

2 Was bedeutet »Pomodoro« wörtlich übersetzt?

A. »Goldener Apfel«: Hübsche Siegertrophäe!
B. »Silberner Apfel«: Auch Platz 2 ist super!
C. »Verbotener Apfel«: Adam lässt grüßen.

3 Wie viele Tomatensorten gibt es ungefähr?

A. 150
B. 1.500
C. 15.000

4 Wobei handelt es sich nicht um eine Tomatensorte?

A. Pomodoro San Marzano
B. Reinette Grisette di Torriana
C. Pachino di Sicilia

5 Aus welcher Region Italiens stammte der Autor des ersten Rezepts für Tomatensoße?

A. Toskana
B. Neapel
C. Apulien

1 Antwort C: Die Azteken nutzten die Tomate lange Zeit als Zierpflanze. Gekocht und gegessen wurde sie erst im 16. Jahrhundert in Europa – natürlich in Italien. 2 Antwort A: Die Tomate galt lange Zeit als geheimnisvolle Frucht, bis man in Italien entdeckte, was in ihr steckt. 3 Antwort C: Es gibt heute fast 15.000 verschiedene Tomatensorten in allen Größen und Farben. 4 Antwort B: Die *Reinette Grisette di Torriana* ist eine alte Apfelsorte. *Pomodoro San Marzano* (DOP) ist eine typische Tomate aus Kampanien, und die Kirschtomatensorte *Pachino di Sicilia* (IGP) ist der Stolz Siziliens. 5 Antwort B: Der neapolitanische Koch Antonio Latini war der erste, der in seinem Buch *Scalco alla moderna* Ende des 17. Jahrhunderts ein Rezept für Tomatensoße niederschrieb.

LA PARMIGIANA

FÜR 8 PERSONEN | **VORBEREITUNG:** 25 MIN. | **GARZEIT:** 1 STD. 30

Zutaten:

5 schöne Auberginen
Sonnenblumenöl zum Braten
1 l Salsa di Pomodoro
1 Bund Basilikum
300 g Parmesan, frisch gerieben

Für die Salsa di Pomodoro:

1 Zwiebel
1 Karotte
2,6 kg große Tomaten
100 ml Olivenöl
1 Bund Basilikum
Salz und Pfeffer

1. Für die *salsa di pomodoro* Zwiebel und Karotte in kleine Würfel schneiden. Die Tomaten häuten, Strünke entfernen und vierteln. Basilikum abzupfen und Blätter ein wenig zerkleinern.
2. Das Olivenöl in einen Topf geben. Zwiebel und Karotte bei starker Hitze 3 Minuten anbraten. Die Tomaten zugeben, zum Kochen bringen, dann auf niedrige Hitze herunterschalten und 40 Minuten köcheln lassen.
3. Wenn die Tomaten orange geworden sind, Basilikum, Salz und Pfeffer unterrühren. Die Soße im Mixer pürieren.
4. Die Auberginen der Länge nach in 2 cm dicke Scheiben schneiden.
5. Die Auberginenscheiben in dem Sonnenblumenöl von beiden Seiten goldbraun braten. Überschüssiges Öl auf Küchenpapier abtropfen lassen.
6. Den Backofen auf 180 °C vorheizen. Eine große Form aus ofenfestem Glas mit einer Schicht Auberginen auslegen. Mit etwas Tomatensoße bedecken und mit Basilikumblättern und Parmesan bestreuen. Diese Schichtung mindestens zweimal wiederholen, mit Parmesan enden.
7. 20 Minuten im Ofen überbacken, bis die Oberfläche schön gebräunt ist.

KALBSSCHNITZEL alla Palermitana

FÜR 6 PERSONEN | VORBEREITUNG: 15 MIN. | **GARZEIT:** 4 MIN.

Zutaten:
3 Eier
100 g Mehl
300 g Paniermehl
100 g Pecorino, gerieben
einige Stängel Petersilie
6 dünne Kalbsschnitzel à 120 g
Sonnenblumenöl zum Braten
Salz und Pfeffer

TIPP

Es ist wichtig, dass die Schnitzel schön dünn sind. Falls nötig, müssen sie flach geklopft werden.

1. Die Eier mit Salz und Pfeffer verquirlen und in einen tiefen Teller geben. Das Mehl in einen zweiten tiefen Teller geben.
2. In einem dritten tiefen Teller Paniermehl, Pecorino und gehackte Petersilie mischen.
3. Die Kalbsschnitzel zuerst im Mehl, dann im Ei und zuletzt in der Paniermehlmischung wenden. Sie müssen gleichmäßig mit der Panade umhüllt sein.
4. Das Sonnenblumenöl in einer Pfanne erhitzen. Die panierten Schnitzel darin 2 Minuten braten, dann wenden und nochmals 2 Minuten braten. Sie sollen goldbraun sein.
5. Aus der Pfanne nehmen und das überschüssige Öl auf Küchenpapier abtropfen lassen. Schon fertig!

BARSCH
aus dem Ofen

FÜR 4-6 PERSONEN | **VORBEREITUNG:** 15 MIN. | **GARZEIT:** 30 MIN.

Zutaten:

1 küchenfertiger Barsch, ca. 1,4 kg

100 ml Olivenöl

2 Zitronen

2 Knoblauchzehen

250 g Kirschtomaten

2 Gläser Gemüsebrühe

Fleur de Sel und Pfeffer

TIPP

Um zu prüfen, ob der Fisch gar ist, vorsichtig in der Nähe des Kopfes an der Mittelgräte ziehen. Sie muss sich ohne Widerstand lösen.

1. Den Backofen auf 180 °C vorheizen. Den Fisch mit etwas Öl einreiben und mit Fleur de Sel und Pfeffer bestreuen. Auf ein mit Backpapier ausgelegtes Backblech legen.
2. Die Zitronen in Scheiben schneiden. Einige unter den Fisch legen, andere zwischen die Bauchlappen und weitere auf den Fisch.
3. Die ungeschälten Knoblauchzehen auf das Backblech oder zwischen die Bauchlappen des Fischs legen.
4. Die Kirschtomaten auf das Backblech geben und alles mit Gemüsebrühe übergießen.
5. 30 Minuten im Backofen garen. Falls der Fisch auszutrocknen droht, mit etwas vom ausgetretenen Saft beträufeln.

SPEZZATINO DI SALSICCIA
mit Champignons und Tomaten

FÜR 8 PERSONEN | **VORBEREITUNG:** 20 MIN. | **GARZEIT:** 45 MIN.

Zutaten:

1 kg Salsicce (italienische Bratwürste) oder Wurstbrät
1 Glas Weißwein
50 g Butter
1 Bund Frühlingszwiebeln
500 g Champignons
125 g Kirschtomaten
800 g Pasta nach Wahl
Pecorino (nach Belieben)

1. Falls Würste verwendet werden, zuerst die Därme entfernen. Die Pilze in Scheiben schneiden, die Frühlingszwiebeln klein schneiden.
2. Den Wein zum Wurstbrät geben und mit den Händen verkneten. Mindestens 5 Minuten ruhen lassen.
3. Die Butter in einer Pfanne bei schwacher Hitze schmelzen. Die Frühlingszwiebeln hellbraun anbraten, dann die Pilze zugeben.
4. Auf starke Hitze umschalten und das Wurstbrät zugeben.
5. Kräftig anbraten, damit der Alkohol verdampft. Dann die halbierten Kirschtomaten hinzufügen und alles 20 Minuten köcheln lassen.
6. Die Pasta gemäß Packungsanweisung *al dente* kochen. In die Pfanne geben und etwas Kochwasser zufügen. Noch 1–2 Minuten köcheln lassen.
7. Zum Servieren in tiefe Teller füllen. Nach Belieben mit geriebenem Pecorino bestreuen.

DOLCE VITA!

TIRAMISÙ

FÜR 6 PERSONEN | VORBEREITUNG: 30 MIN. | **RUHEZEIT:** 12 STD.

Zutaten:

8 Eier

100 g Zucker

300 g Mascarpone

40 Savoiardi-Kekse (ersatzweise Löffelbiskuits)

500 ml Kaffee

50 g Kakaopulver

TIPP

Das Tiramisu sollte mindestens 12 Stunden vor dem Servieren zubereitet werden.

1. Die Eier trennen. Die Eigelbe mit der Hälfte des Zuckers verrühren, dann den Mascarpone unterrühren.
2. Die Eiweiße mit dem restlichen Zucker zu steifem Eischnee schlagen.
3. Den Eischnee vorsichtig mit einem Esslöffel unter die Mascarponemasse heben, dabei soll möglichst wenig Luft aus dem Eischnee entweichen.
4. Die Löffelbiskuits nach und nach mit dem Kaffee befeuchten, aber nicht zu stark durchweichen. In einer Schicht in eine flache Schale legen.
5. Eine Schicht Mascarponecreme darauf verteilen, dann wieder eine Schicht getränkte Biskuits darauf legen und den Vorgang wiederholen, sodass drei Etagen entstehen. Mit einer Schicht Mascarponecreme enden.
6. Mit Frischhaltefolie abdecken und in den Kühlschrank stellen. Unmittelbar vor dem Servieren mit Kakaopulver bestreuen.

PANNA COTTA

FÜR 8 PERSONEN | **VORBEREITUNG:** 10 MIN. | **GARZEIT:** 10 MIN. | **RUHEZEIT:** 6 STD.

Zutaten:

12 g Blatt-Gelatine
1 l flüssige Sahne
150 g Zucker
15 g gemahlene Vanille

TIPPS

Vor dem Servieren mindestens 6 Stunden kalt stellen. Noch besser schmeckt die Panna cotta mit frischen Früchten, Kompott aus Beeren oder einem Klecks Konfitüre.

1. Die Gelatine in eine Schüssel geben und mit kaltem Wasser bedecken, damit sie weich wird.
2. In der Zwischenzeit die flüssige Sahne in einem Topf bei mittlerer Hitze erwärmen.
3. Zucker, Vanille und abgetropfte Gelatine zugeben und mit dem Schneebesen verrühren.
4. Zum Kochen bringen, dann sofort vom Herd nehmen und in Servierschälchen füllen. In den Kühlschrank stellen.

KÜSSCHEN
mit Nougatcreme und Mascarpone

FÜR 2 PERSONEN | **VORBEREITUNG:** 15 MIN. | **GARZEIT:** 6 MIN.

Zutaten:

1 Kugel klassischer Pizzateig (siehe Seite 50)
150 g Mascarpone
50 g Zucker
Sonnenblumenöl zum Frittieren
2 EL Nuss-Nougat-Creme
Pistazienkerne

1. Den Pizzateig zubereiten, wie auf Seite 50 beschrieben.
2. Zucker und Mascarpone mit einem Handrührgerät verrühren. Anschließend kühl stellen.
3. Den Pizzateig 1 mm dünn ausrollen. In 1 cm große Quadrate schneiden.
4. Das Sonnenblumenöl erhitzen und die Teigquadrate hineingeben. Unter ständigem Wenden 5 bis 6 Minuten von allen Seiten frittieren, bis der Teig goldbraun ist.
5. Auf Küchenpapier abtropfen lassen.
6. Die Teigquadrate seitlich einstechen und mit einem Spritzbeutel oder Löffel Mascarpone hineinfüllen.
7. Nuss-Nougat-Creme leicht erwärmen, bis sie flüssig ist. Pistazienkerne grob hacken.
8. Die Küsschen auf einen Teller legen, mit der geschmolzenen Nuss-Nougat-Creme beträufeln und mit gehackten Pistazien bestreuen.

ANGIOLETTI
mit Pistazien

FÜR 2 PERSONEN | **VORBEREITUNG:** 15 MIN. | **GARZEIT:** 6 MIN.

Zutaten:

1 Kugel klassischer Pizzateig (siehe Seite 50)

Sonnenblumenöl zum Frittieren

gesüßtes Pistazienmus

Pistazienkerne

TIPP

Das Pistazienmus an einem trockenen Platz bei Zimmertemperatur aufbewahren, damit es geschmeidig bleibt. Vor dem Servieren im Wasserbad erwärmen.

1. Den Pizzateig zubereiten, wie auf Seite 50 beschrieben.
2. Den Pizzateig 1 mm dünn ausrollen. In 1 cm große Quadrate schneiden.
3. Das Sonnenblumenöl erhitzen und die Teigquadrate hineingeben. Unter ständigem Wenden 5–6 Minuten von allen Seiten frittieren, bis der Teig goldbraun ist.
4. Auf Küchenpapier abtropfen lassen.
5. Pistazien grob hacken. Die Teigquadrate auf einen Teller geben, mit Pistazienmus beträufeln und mit gehackten Pistazien bestreuen.

SBRICIOLATA mit Ricotta und Schokolade

FÜR 8 PERSONEN | **VORBEREITUNG:** 25 MIN. | **GARZEIT:** 40 MIN. | **RUHEZEIT:** 24 STD.

Zutaten:

500 g Mehl
200 g sehr kalte Butter, in Würfel geschnitten
200 g Zucker
2 Eier
1 Päckchen Backpulver
100 g dunkle Schokoladenchips

Für die Ricottacreme:

450 g frischer Ricotta
150 g Zucker

1. Mehl und Butter mit den Händen zügig vermengen. Die Butter soll sich dabei nicht zu stark erwärmen.
2. Den Zucker hinzufügen und alles mit den Händen zu einer bröseligen Masse vermengen. Eier und Backpulver dazugeben und mit den Händen zu einem glatten Teig verarbeiten. Die Schokoladenchips rasch unterarbeiten.
3. Den Teig zu einer Kugel formen, mit einem feuchten Tuch abdecken und bei Zimmertemperatur 15 Minuten ruhen lassen.
4. In der Zwischenzeit die Ricottacreme zubereiten. Den Ricotta abtropfen lassen und in eine Schüssel geben. Den Zucker hinzufügen und mit dem Schneebesen gut unterrühren.
5. Kleine Teigstücke abzupfen und mit den Fingerspitzen Stück für Stück eine runde Tarteform auslegen.
6. Die Ricottacreme einfüllen und den restlichen Teig darüber krümeln, sodass der Ricotta locker bedeckt ist. Im Ofen bei 185 °C 30 bis 40 Minuten backen.
7. Die Sbriciolata aus dem Ofen nehmen, abkühlen lassen und über Nacht – besser 24 Stunden – in den Kühlschrank stellen.

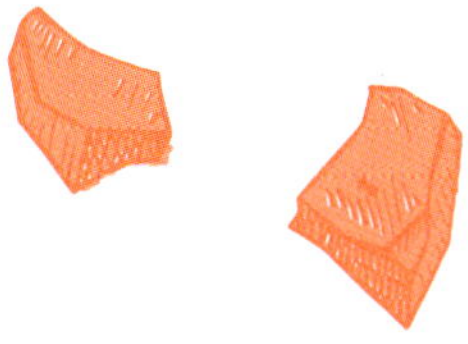

SÜSSE PIZZA

mit Ricottacreme und Pistazien

FÜR 1 PIZZA | **VORBEREITUNG:** 15 MIN. | **GARZEIT:** 20–25 MIN.

Zutaten:

1 Kugel klassischer Pizzateig (siehe Seite 50)

150 g Ricotta

50 g Zucker

1 Päckchen Vanillezucker

1 Schuss Sonnenblumenöl

40 g Pistazienkerne

Pistazienmus

1. Den Pizzateig zubereiten, wie auf Seite 50 beschrieben.
2. Ricotta, Zucker und Vanillezucker mit einem elektrischen Handrührgerät cremig rühren. In den Kühlschrank stellen.
3. Den Teig zu einem Kreis von 30 cm Durchmesser ausrollen und auf ein eingeöltes Backblech legen. Die Oberfläche mit Wasser einpinseln und mit einer Gabel einstechen.
4. Den Teig auf höchster Stufe 20 bis 25 Minuten backen, bis er goldbraun ist.
5. Pistazien grob hacken, Pistazienmus in einem Wasserbad erwärmen.
6. Pizza aus dem Ofen nehmen, mit der Ricottacreme bestreichen, mit Pistazienmus beträufeln und mit gehackten Pistazienkernen bestreuen.

Ticket
Restaurant

REGISTER
nach Ernährungsweise

FÜR FLEISCHFANS

FÜR FANS VON FISCH UND MEERESFRÜCHTEN

FÜR VEGETARIER

ZUTATENREGISTER

Dank

Der Herausgeber dankt Édouard Hausseguy und Benoît Bossu, den Gründern von Gruppomimo, sowie dem gesamten Team der Restaurants für ihre Gastfreundschaft, ihre Freundlichkeit und ihr Engagement. Unser besonderer Dank gilt den Köchen Pietro und Emanuele, die von Sara D'Agostini bei der Erstellung ihrer Rezepte begleitet wurden, sowie Iris Schneider, die das Projekt auf unserer Seite betreute und von Cyriane Vouille und Célia Casano unterstützt wurde. Ein großes Dankeschön geht an die Küchenchefs Ignazio Pappalardo, Mike Sebastiano und Valerio Russo, die die Gruppomimo-Küche geführt haben, wenn die Chefs beim Shooting waren.

Der Herausgeber dankt Séverine Augé sowie den Freiwilligen, die während des Shootings Modell standen: Madolia Dubois, Arnaud Andrianony, Leily Cousyn, Yannis Amimeur und Marge Vigneau, sowie EMERY & Cie für die Bereitstellung von Hintergründen.

Bibliografische Information der Deutschen Nationalbibliothek

Die Deutsche Nationalbibliothek verzeichnet diese Publikation in der Deutschen Nationalbibliografie. Detaillierte bibliografische Daten sind im Internet über https://dnb.de abrufbar.

Für Fragen und Anregungen

info@m-vg.de

Wichtiger Hinweis

Ausschließlich zum Zweck der besseren Lesbarkeit wurde auf eine genderspezifische Schreibweise sowie eine Mehrfachbezeichnung verzichtet. Alle personenbezogenen Bezeichnungen sind somit geschlechtsneutral zu verstehen.

1. Auflage 2024

Türkenstraße 89
80799 München
Tel.: 089 651285–0

Die französische Originalausgabe erschien 2023 bei Larousse unter dem Titel *Pizza, pasta e amore par Gruppomimo.* © Larousse 2023. All rights reserved.

Übersetzung: Wiebke Krabbe
Redaktion: Stephanie Kaiser-Dauer
Rezepte: © Gruppomimo, Pietro Rabboni und Emanuele Contardi
Fotos: © Simon Detraz
Styling: Séverine Augé
Grafische Gestaltung Innenteil und Umschlag: Claire Simonet
Adaptation und Layout: Camille de Montmorillon
Satz: Verena Koch
Druck: Firmengruppe APPL, aprinta Druck, Wemding
Printed in Germany

ISBN Print 978-3-7423-2684-3
ISBN E-Book (PDF) 978-3-7453-2450-1
ISBN E-Book (EPUB, Mobi) 978-3-7453-2451-8

Wir produzieren nachhaltig
www.m-vg.de